둘레길 인문학,
하루를 보석처럼 걷다

둘레길 인문학,
하루를 보석처럼 걷다

정세진 지음

나눔사

| 머리말 |

　이 에세이 저서는 지난 2년 정도 어느 둘레길 특정밴드에서 "좋은 나무" 닉네임으로 둘레길을 걸으면서 쓴 후기를 다시 개인의 '네이버 블로그'에 수정을 거쳐 올린 글을 여러 번 새롭게 퇴고하거나 새로운 내용을 작성하여 개편되고 완성된 내용입니다. 박사 학위 이후 대학교에서 20년 동안 학생들을 가르치고 연구하면서 정신없이 삶의 시간을 보냈던 것 같습니다. 저에게는 좋은 기억이 있습니다. 중고등학교 시절 국어책에 나오던 지문이었습니다. 예를 들면, 이양하 선생님의 '신록예찬' 등의 글입니다. 에세이와 수필에 대한 관심이 제 마음을 떠난 적이 없었습니다. 전공 관련, 전문서적을 단독으로 여러 권 출간한 필자는 개인적 정서와 감정을 내보이는 그런 글을 꼭 쓰고 싶었습니다. 약간 외도(?)이겠네요. 그러므로 이 책은 필자의 연구 논문과 학술 서적과는 그 맥락이 완전히 다른 내용입니다.

　어느날, 둘레길을 걷는 모임을 친구로부터 처음 알게 되어 학문의 길에 매진하던 필자는 시간을 짬 내어서 길을 걷기 시작했습니다. 학계에서 나름의 연구 실적을 많이 쌓았기 때문에 이런 시간도 가능하다는 판단이 들었습니다. 건강 유지에도 큰 도움이 된다는 사실도 길을 걸었던 이유입니다. 대부분의 한국 길을 제가 모르고 있었습니다. 길을 새롭게 알고 싶었습니다. 생애 처음으로 길이 무엇을 의미하는지 사유하는 기회를 가지게 되었던 것입니다. 대한민국에도 무수히 많은 길이 있다는 것도 깨달았습니다. 아직 현역에서 일하고 있어 그 길을 다 갈 수 없다는 것이 아쉬울 따름입니다.

필자는 아카데미 생활을 하면서 2025년 10월 현재, 8권의 단독저서, 24권의 공동저서, 국제저명학술지와 한국연구재단의 공식 등재지(KCI)에 인문학 관련 90 여 편의 논문을 게재하는 등 활발하고 성실한 강의와 연구를 했습니다. 그 과정에 개인적으로 많이 지쳐있었고, 둘레길을 걸으면서 삶의 위안과 휴식, 힐링을 경험하였습니다. 그런 느낌과 감정을 에세이를 통해 표현하고 싶었습니다.

필자는 용기를 내어 '둘레길 인문학' 용어를 과감히 쓰고 싶었습니다. 이런 용어가 있는지 찾아보지 않았습니다. 한 번도 듣지 못했습니다. 한때 인문학 용어가 많이 통용되던 때가 있었습니다. '대중 인문학', '도시 인문학'. '고전 인문학.' '길 인문학', '치유 인문학', '섬 인문학', '생활 인문학', '마을 인문학' 등 열거하기 어려울 정도로 많았습니다. 생뚱맞게 '둘레길 인문학'이라는 제목 명칭을 붙일 수 있을지도 모르겠습니다. 인문학자들이 흉을 보지 않을까 심히 걱정도 됩니다. 실상 '길 인문학'이 더 가깝고 자연스러운 용어가 될 것입니다.

필자가 생각하는 둘레길 인문학의 정의는 걷기와 사유, 자연과 인간의 관계를 탐색하는 인문적 인식과 실천입니다. 즉 둘레길을 단순한 여행의 차원에서 더 나아가 사람과 자연, 사물과 깨달음, 역사와 나를 잇는 인문적 경험의 공간을 의미합니다.

　　이 에세이 저서는 개인의 회고, 회상, 길에 대한 단상을 서술하고자 했습니다. 가족에 대한 이야기도 가끔 나옵니다. 길을 걸으며 느끼는 개인적 치유의 마음, 특정 문화 관점, 러시아 및 유라시아 인문학, 지역학 등의 내용도 있습니다. 가장 주안점을 둔 부분은 길을 걸으며 어떤 특정 대상을 보면서 필자가 느낀 정서, 감정, 감상 등을 사진의 사물과 함께 표현한 내용으로 구성되었다는 사실입니다. 예를 들어, 이 글을 쓸 때는 아래한글 A4 1페이지에 사진 1장과 그 대상에 대한 정서적 글이 서술된 형태입니다. 즉 하나의 페이지에 사진과 글이 함께 포함된 형식입니다. '둘레길 인문학'이라고 한다면, 둘레길을 걸으면서 만나는 뛰어나고 고퀄리티의 피사체의 대상을 역사적, 문학적, 철학적인 방식으로 여행기로 서술한다면, 의미있는 저술 작업이 된다는 의견을 피력해봅니다. 즉, 콜라보(collaboration) 형식으로 공동, 협업의 정신을 살리면 좋을 것 같다는 생각을 조심스럽게 해봅니다.

　　이 책은 오랜 세월, 필자가 추구해 온 전문가, 연구가로서의 전문학술 서적 출간이 아니라 개인적 느낌과 사변을 비교적 자유스럽게 표현한 내용이다. 각 장의 제목은 특정 장소와 그 장의 핵심적인 키워드가 담겨있는 내용을 압축해서 표현해서 만들었습니다. 본문 내용에도 나오듯이 저는 스스로를 인문학 학자로 표현하지 않고, 인문학 연구자라고 표현했습니다. 학자의 세계가 얼마나 어려운지를 알기 때문에 그런 용어를 차마 쓰기가 어렵습니다. 또 그 정도의 칭호를 받을 수 없는 사람입니다. 이 에세이 저서를 쓰면서 스스로 안타까운 마음을 가졌습니다. 필자는 뛰어난 에세이 작가가 지니는 훌륭한 세계관, 인생관을 가지고 있지 못합니다. 특히 다른 사람이 존경할 만큼의 삶을 살아오지 못했다는 인식이 가장 힘든 개인적 고통이었습니다.

필자가 논문을 쓰면서 습성이 된 설명체, 산문체의 영향이 커서 이 저서에 표현 상의 많은 한계가 있습니다. 개인적으로 노력한다고 했지만, 시적, 운문체적 분위기도 많이 부족합니다. 저는 시인에게 늘 경외의 마음을 가지고 있습니다. 참으로 대단한 분들입니다. 글은 짧고 간결하게 기술하고자 했습니다. 하나의 문장 안에 1줄, 길어야 2줄 정도로 문장을 압축하고자 했습니다. 개인적으로 간결한 문체를 좋아합니다. 그럼에도 불구하고, 평범하게 살아온 인생이더라도 에세이 저서에도 도전하고 미래를 향해 도전적인 삶을 살아야겠다는 의지적 마음을 가져보았습니다. 저서 제목도 위안과 격려의 표현입니다. 더불어 같이 평범하게 이 시대를 살아가는 우리 모두는 조금이나마 동감이 될 것이라고 믿습니다.

이 저서는 한국 사회를 열풍처럼 주도한 인생개발서, 생활개발서와 같은 형태의 내용은 아닙니다. 그런 책에서 보이는 특정 주제에 관한 내용이 순서대로 서술되어 있지 않습니다. 그리고 사진작가의 뛰어난 사진과 간결하게 표현한 글로 이루어진 소위 포토 에세이 형태가 아닙니다. 죄송한 마음이지만, 필자가 겁도 없이(?) 쓰고 싶은 대로 쓴 내용입니다. 그러니 많은 허점이 있을 것입니다. 가능하다면, 개인의 정서를 많이 담는 방향으로 글을 이끌었습니다. 인터넷 등 다른 자료는 거의 활용하지 않았습니다. 길과 명소에 대해 AI 등 특정 자료를 찾아보지 않고, 필자의 지식 한도 내에 쓴 글이라 독자가 이 책을 읽으면 혹시라도 싫증을 낼 수 있는 우려도 있습니다. 지루하고 재미가 없을까봐 걱정도 됩니다. 독자가 편하게 읽을 수 있도록 시각과 관점을 바꾸어 보고자 했는데, 제대로 되었는지 모르겠습니다. 독자 여러분께 죄송한 마음입니다.

특정 장소에 대한 정보도 충분하지 않습니다. 개인적으로 생각하기에 그건 AI, 인터넷, 각종 자료 등을 통해 충분히 얻을 수 있다는 생각이 있었기 때문입니다. 기존의 문화 여행기, 인문 여행기, 문화 답습기 등 특정 정보를 상세히 기술하는 인문학 저서는 아닙니다. 저는 사물, 이정표, 물건, 물, 산, 호수, 자연, 고향, 능, 개여울, 정원, 나무, 꽃, 건축, 도시, 마을, 기차, 거리 등 평범한 것에서 어떤 특별한 감정, 세계관을 투영하고자 했습니다. 아. 청담동 브랜드 등 평범하지 않고 비싼 물건에 대한 감상도 썼군요. 그래도 그건 평범함입니다.

필자의 상식을 글에서 표현하였고, 될 수 있으면 사물을 따뜻하고 다정다감하게 바라보고 싶었다는 말씀을 드리고 싶습니다. 그것이 표현의 지향점이었습니다. 그러므로 휴먼이 동반되어 사물을 바라보는 따뜻한 시선이 응축된 내용의 글이 아닐까 하는 생각입니다. 그러나 이에 동의하지 않는 독자들이 많을 수도 있다고 생각합니다. 그런 분들이 저에게 아낌없이 좋은 말씀과 권고의 생각을 나누어주시면 감사하겠습니다. 감히 이 글을 읽으시라고 말씀드리기가 여전히 부끄럽습니다. 책 분량도 많습니다. 그래서 관심 있는 특정 지역을 중심으로 읽어주시기를 요청드립니다. 2026년에는 산에 관한 에세이 저서를 내놓을 생각입니다. 그동안 다니긴 했는데, 무릎이 싱싱할 때 계속 다니고자 합니다.

혹여 저의 학술 저서에 관심이 있을까보아서 저의 단독저서 목록을 아래에 기재합니다. 전체 8권입니다.

1권: 『중앙아시아 민족정체성과 이슬람』 (한양대 출판부, 2012),
2권: 『러시아 이슬람 : 역사 · 전쟁 · 이념』 (민속원, 2014),
3권: 『중앙아시아 지역연구와 인문학 : 역사적 문화요소를 중심으로』 (경제 · 인문사회 연구회 인문정책연구총서 2014-15),
4권: 『쉽게 읽는 중앙아시아 이야기: 역사 · 문명 · 이슬람』 (민속원, 2022),
5권: 『코카서스 국가 조지아: 역사 · 종교 · 국내정치 · 국제관계』 (진인진, 2022),
6권: 『중앙아시아 국가 타지키스탄 : 일반 개관 · 이슬람 · 국내정치 · 국제관계』 (진인진, 2023),
7권: 『러시아 역사와 공간: 경계를 넘어 변경으로』 (민속원, 2024),
8권: 『거룩한 전쟁인가? 테러인가? 러시아와 체첸의 끝나지 않은 전쟁: 캅카스 전쟁과 체첸 전쟁의 기원과 과정』 (동연, 2025) 등이다.

저서에 나오는 장소들은 대한민국의 특별한 공간도 아닙니다. 명소이기보다는 평범한 장소에 가깝습니다. 필자는 특별한 목적을 가지고 매우 잘 알려진 그런 장소를 찾아간 것도 아닙니다. 평범한 길, 쉽게 갈 수 있는 그런 장소였습니다. 평범한 세계관의 감정으로 사물을 대했습니다. 아카데미 생활을 하다가 처음으로 도전하는 에세이 책이라 여러모로 부족하고 내용이 없습니다. 다시 말하지만, 길의 단상(斷想)을 표현했지만, 삶의 세계관이 매우 부족합니다. 그래서 감사한 마음도 들었습니다. 알맹이 없는 저의 인생이 다시 새롭게 탈바꿈해야 한다는 다짐을 하게 됩니다.

필자에게는 아직도 최고의 삶이 오지 않았다는 인식이 있습니다. 여전히 훌륭하고 온전한 삶의 방식이 무엇일까 더 많은 고민을 해보겠습니다. 이 에세이 저서는 이 힘든 세상에서 마음과 정성을 다해 살아가는 모든 분들에게 드리고 싶습니다. 그분들을 존경하는 심정으로 썼습니다. 이러한 마음을 공유하는 모든 분에게 이 자그마한 에세이를 드립니다. 감사합니다.

열악한 출판 시장 상황에도 불구하고 이 저서를 기꺼이 출간해주신 '나눔사'의 성상건 사장님과 편집진에 깊은 감사를 드립니다. 이 에세이 저서에 귀하고 뛰어난 사진을 일부 보내주신 문창윤님과 백우종님 께도 무척 감사한 심정입니다. 두 분의 사진으로 저의 책이 빛나게 될 것을 믿어 의심치 않습니다. 이분들은 둘레길 커뮤니티의 유명 사진작가입니다.

　한없이 예쁘기만 한 세연, 아연 두 명의 딸에게 진심어린 마음으로 고마운 인사를 하고 싶다. 가끔 나와 다투지만 삶을 자신감 있게 도전적으로 살아가는 장녀에게 내가 배울 것이 많다는 점을 기억하기 바란다. 우리 많이 사랑하고 그러자. 항상 조용히 내적으로 아픔을 참지만, 어린 시절에 했던 말, "내 머리 속에는 햇님이 살고 있어"라는 마음을 가지고 긍정적인 태도를 가지고 친구들과 늘 화목하게 지내고 칭찬을 받는 늦둥이, 고딩 1학년 둘째 딸은 늘 귀엽고 사랑스러운 딸이라는 것을 잊지 않았으면 좋겠다.

2025년 10월
행당동 연구실에서

차 례

| 머리말 |

Ⅰ.
"하루를 보석처럼 살자": 한강변 및 호수공원 둘레길을 걷다

1. 여름 한강변, 한강공원길과 서울숲.
   "걱정말아요, 그대" ································· 17
2. 여름 능소화의 한강변.
   "뜨거운 여름, 강렬한 생명력" ················· 27
3. 가을의 북한강변에 가다.
   "잘했다고 등 두드려 주자" ······················ 41
4. 가을의 마장호수에 서다.
   "그래. 괜찮아. 지금까지 잘해왔어" ·········· 61
5. 가을의 장자호수공원과 구리한강시민공원.
   "사랑은 영원한 것" ································· 73
6. 겨울의 청풍호반.
   "노스탤지어를 기억하다" ························ 94

II.
"괜찮아. 지금까지 잘했어": 명소를 걸으며 나를 위로했다

7. 봄의 인천근대문화거리에서.
　"평민처럼 소확행을 누리자" ································· 115

8. 여름, 양주 온릉과 동두천 니지모리 스튜디오에 가다.
　"개여울의 사랑을 추억하다" ································· 141

9. 여름, 고향인 포항시 구룡포 일본가옥거리에 가다.
　"아버지 전상서. 아버지를 추억하며 뜨거운 눈물을 흘리다" ······ 164

10. 여름, 청담동 명품거리에 서다.
　"명품 문장, 명품 에세이의 꿈을 꾸다" ······················· 189

11. 가을, 오대산 상원사, 월정사와 선재길, 전나무숲길을 걷다.
　"그저 걸음을 즐기라. 그저 걷는 것이다" ····················· 212

12. 가을, 죽령옛길, 부석사, 소수서원에 가다.
　"10월의 어느 멋진 날에, Bravo!" ···························· 228

III.
"내 인생은 아직 정오": 해외 여행지 거리에서 둘레길 인문학을 말하다

13. 봄의 오사카와 교토 거리에서.
　"아름다움만을 생각하기에도 생의 시간이 짧다" ··············· 271

14. 봄의 태국 치앙마이 거리에서.
　"가족 커피공장에서 생애 최고의 커피를 마시다" ··············· 313

15. 겨울의 모스크바거리에서.
　"美가 세상을 구원하리라" ·································· 340

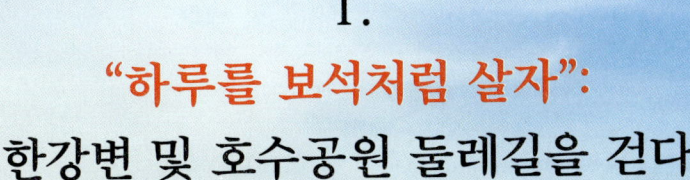

I.
"하루를 보석처럼 살자":
한강변 및 호수공원 둘레길을 걷다

1. 여름 한강변, 한강공원길과 서울숲.
   "걱정말아요, 그대"

9월 초순 자양역(이전 '뚝섬유원지역')의 한강에서 서울숲까지 걸었다. 러시아의 9월은 '황금의 가을(золотая осень)'이다. 러시아의 가을은 짧다. 러시아인에게 가을은 황금의 가을이다. 한국의 9월 초순은 여전히 늦여름이라고 말하기도 겸연쩍은 듯, 뜨거운 태양이 내리쬐고 있었다. 그야말로 한여름이다.

뜨거운 태양이 사정없이 한강위로 비추고 있었다. 나는 더위를 먹고 있었다. 봄, 여름, 가을, 겨울, 한반도는 불변하는 대륙성 기후이다. 영원히 변치 않는 계절의 엄격함이다. 일상은 영원성이다. 더위 탓에 가을, 겨울이 순간 그리워졌다. 필자의 유튜브 음악 카테코리에는 가수 신계행의 '가을 사랑', 백미현의 '눈이 내리면' 등의 노래가 알고리즘처럼 등장한다. 김광석의 '거리에서', 정태춘의 '다시 첫차를 기다리며', 박은옥의 '회상'도 그렇다. 알고리즘은 섬뜩할 정도로 고객이 무엇을 원하는지 짚어준다. 스스로 알아서 음악이 흘러나온다. 필자는 평범한 사물에서, 혹은 평범성을 통해 아름다움을 찾기 위해 애쓴다.

많이 더워서 그런지, 기분이 상쾌하지 않고, 약간 우울한 마음이 밀려왔다. 마치 절친이 먼 곳으로 훌쩍 떠나간 듯한 허전함이다. 혹은 고등학교 2학년 5월, 설악산 수학여행을 갔다 왔을 때, 짝사랑하던 옆집 경북여고 여학생이 이사를 가버렸다는 사실을 알았을 때의 그런 아쉬움의 감정이 밀려왔다. 시대와 강의 공통점은 무엇일까? 흘러간다는 사실이다. 세월이 흘러갔다. 한강을 찍었다. 한강은 늘 그 자리에 있다. 변함이 없다. 비교적 고요하다. 1965년 노벨상 수상자인 러시아 작가 '미하일 숄로호프'의 소설제목인 '고요한 돈강(тихий Дон)'처럼.

필자는 2002년 1월, 러시아의 그 고요한 돈강에 가보았다. 내가 간 도시는 러시아 남부의 '로스토프'시였다. 도시 이름이 사실은 길다. '로스토프 나 도누(Ростов на Дону)'이다. '돈강 위의 로스토프'라는 의미이다. 돈강 지역은 역사적으로 농민들의 집단 거주지였다. 반국가 소요 사태가 자주 일어났다. 대표적인 농민 반란의 수장인 '스텐카 라진', '푸가초프' 등은 돈강 유역에서 제정러시아 정부에 저항하는 농민반란을 일으켰다. 그러므로 이 강은 고요할 수가 없다. 저항과 반란의 도시이다. 숄로호프는 왜 고요한 돈강이라고 했을까?

그때 그 도시에서 많은 생각을 했다. 왜 혁명적 사건이 많았을까? 농민반란을 통해 그들은 수년 간 매우 강력히 투쟁했다. 며칠 동안 일행과 이 도시에 머물렀다. 17세기 이후 러시아 농민의 삶을 생각하면서 국가의 운명에 대해 사유해보았다. 러시아 남부는 농촌 지역이었고 국가 관리들과 영주들은 농민들을 압박하고 고통을 주었다. 어쩌면 러시아는 혁명과 반란의 국가인지도 모른다. 역사적으로 혁명과 반란은 수도 없이 이 국가를 휩쓸었다.

러시아역사를 전공한 필자는 러시아의 역사적 사건이 매우 특별하고 이는 세계사적 의미를 가지고 있다고 생각했다. 고요한 돈강에서 반란의 역사가 펼쳐졌다. 숄로호프는 역설적이고 반대되는 개념의 단어를 선택했다. 전혀 고요하지 않는 돈강 지역의 정치적 상황이었지만, 고요한 돈강 표현을 사용했다.

이제 곧 올 가을과 친구에 대해, 사람과의 관계에 대해 숙고하면서 한강을 걸었다. 길에 대해, 사랑에 대해 아직 이야기할 것이 많이 남아있을지도 모른다. 러시아의 극작가 겸 단편소설가인 안톤 체호프의 단편에 '사랑에 대하여(о любви)'가 있다. 사랑은 보편성을 지닌다. 영국의 어떤 소설 이름도 '사랑에 대하여'가 있을 것이다. 네덜란드도 그런 제목의 소설이 있을 것이다.

가끔은 몇 시간 동안 고적한 정원에서, 인테리어가 잘 된 카페에서 누군가와 이야기를 나누고 싶다는 지극히 감상적인 생각이 들 때가 있다. 누구에게나 그렇듯, 나에게도 하나의 버릇이 있다. 어떤 특정 사물을 바라볼 때, 무엇인가 그 사물에 어떤 의미를 부여한다는 점이다. 물론, 그 어떤 생각과 감상을 모든 사물에 투영하지는 않을 것이다. 그래도 일정한 부분 사물을 응시하며 세계관과 인생관을 생각해본다.

여전히 간직하고 싶은 태도는 어떤 사물에 대해 따뜻하고 다정다감함으로 바라보고 싶다는 것이다. 순수하고 깨끗하고 아름다움을 찾고자 노력한다. 일상의 시간, 일상의 행동 속에서도 행복한 순간과 사랑의 마음을 품을 수 있을까. 누군가가 적어 놓은 글에 그러한 말이 있다. 현재, 하루의 시간만이 가장 확실한 사실이라는 것. 누군가와 이야기를 하다가 동의했다. 보석 같은 하루를 살고 싶다는 열망이 가득해졌다. 좋아하는 노래, 시간, 커피, 글이 있다. 내가 진정 사랑하고 좋아하는 것은 무엇일까? 시인 나태주는 밤에 돌아갈 수 있는 집이 있다면 그것이 행복이라고 했다.

프랑스의 소설가인 발자크(1799-1850)는 커피를 그렇게 좋아했다. 하루에 그는 수십 잔 커피를 마셨다. 어떤 이유인지는 몰라도 그는 이른 나이에 죽음을 맞이했다. 50세였다. 그 대단한 소설가의 삶이 일찍 끝났다는 것은 아쉽다. 그 시대의 평균 수명은 지금과 비교해서 아주 짧았지만. 그는 커피 중독이 되다시피 해서 그 이른 나이에 세상을 마쳤던 것일까?

서울숲 저녁(사진제공: 백우종님)

낮에 한강에서 서울숲 쪽으로 걸어와서 늦은 오후부터 서울숲에 있었다. 밤이 찾아오고 있었다. 서울의 핫플레이스로 부상한 성수동에서 멀지않다. 귀속본능처럼 어디론가 간다. 철새가 늘 다시 오듯이. 서울숲의 밤은 정적이다. 1980년대 여름에 개최되던 강변가요제는 매우 유명한 경연대회였다. 어느 해 금상을 받은 '도시의 그림자' 멤버가 부른 노래 '이 어두움의 슬픔처럼'이라는 곡이 있다. 조금은 처량한 마음이 솟는 곡이다.

그 시절, 사람들은 흑색, 혹은 어두운 계통의 색깔을 좋아했던 것 같다. 가을 잠바는 깃도 제대로 올려 지지 않았다. 허름한 느낌의 잠바를 즐겨 입었던 시절, 청년시대에 엄청난 감성이 있었다. 가끔 나에게는 그런 종류의 감성이 살아서 꿈틀거린다. 애 같은 행동을 할 때가 있다. 사춘기적 감성이, 청년 시대의 감정이 나를 지배하고자 하는 경향이 짙다. 왜 이렇게 여전히 과거에 머물러 있는 것인지. 도시의 가로등 아래에서 비가 처량하게 흐르는 처마 밑 같은 곳에서 사랑하거나 혹은 좋아하던 사람을 떠올리곤 했다. 요새는 "썸 타는 그런 느낌의 사람"이었다. 왜 제대로 사랑을 고백하지 못했을까? 자신이 없었다. 상대방의 반응이 늘 두려웠다. 이성에게 관심 있다는 고백을 전혀 하지 못했던 미완의 시절이었다.

에필로그

　마음 한 켠에 '걱정말아요 그대'의 노래가 울린다. 지나간 일을 잊어버리자. 어떻든지 새로운 길, 출발의 시간에 서있자. 인생은 웨딩의 축가는 아니다. 성공의 찬란한 축배도 아닐 수 있다. 종교 의식의 성찬이 매일 베풀어지지 않는다. 힘든 고비를 넘기면서 살아온 것이 인생이 아닐까. 저녁의 분위기를 살려주는 실루엣이다. 석양의 잔영이 눈을 휘감는다. 석양은 '선셋(sunset)' 이후 명멸하는 여름 태양이 남겨준 색감이다. 호젓함을 넘어 가슴을 저미게 한다. 서울숲의 여름밤, '한여름 밤의 꿈'을 꾸어본다. 아직 나의 최고의 때가 오지 않았을까?
　필자는 여전히 꿈꾼다. 다지고 다져서 내 생이 가볍게 지나치지 않도록 결연한 의지를 표출해본다. 생은 아직 완성되지 않았다. 생은 더 개발될 수 있다. 생은 노력하기에 따라 엄청난 결과물이 산출된다. 부족하지만, 둘레길을 걷고, 등산을 하고, 명소를 찾으며 자연스럽게 느끼는 그 감정을 글로 표현하는 일도 그런 범주에 포함될 것 같다. 생을 만만히 그냥 보내고 싶지 않은 의지적 결단 같은 것. 하루의 시간은 영글어져서 이 밤에 나를 지켜줄 것이다.
　좋아하는 단어가 있다. "귀향. 집으로." 나를 기다리는 따뜻한 집으로 가는 여정이다. 고향은 어디일까? 귀향은 어디로? 모두 사는 곳으로, 집으로 간다. 아니면, 내일 여행을 떠난다. 새로운 길을 가고 새로

(사진제공: 백우종님)

운 사람을 만난다. 새로운 이야기도 듣는다. 가을이 오면, 더없이 높은 하늘을 본다. 스산한 바람이 갑자기 분다. 마음으로 훅 들어온다. 쓰리고 아픈 기억도 있지만, 길을 가고 걷는다. 그 길이 늘 꽃길이 된다면 좋겠다. 그렇지 않더라도, 또 걷는다. 살아있기 때문에 걷고 또 걷는다.

누군가가 나에게 권면해주었다. 보석과 같은 하루를 보내라고. 그 말이 멋져서 하루하루를 소중하게 보내고자 한다. 훌륭한 말이다. 보석처럼 보낸 하루. 하루가 끝나면 보석처럼 시간을 보냈는지 성찰해본다. 물론 항상 그렇게 하지 못한다. 그래도 괜찮다. 티파니 보석처럼, 눈부실 정도의 하루를 보내지 못했더라도 일상이 모여 삶은 보석처럼 영글어진다. 밖에 비가 내리는 건가. 하루의 삶도 생명처럼. '청춘예찬'의 그 글처럼, 아름다운 청춘의 이야기를 다시 쓰고 싶다. 그건 열망이다. 이루어질 수 없는 꿈처럼 되지 않더라도 상관없다. 내가 지금 청춘이기 때문이다.

2. 여름 능소화의 한강변.
   "뜨거운 여름, 강렬한 생명력"

　　뜨거운 여름 7월 초순 어느 토요일, 서울숲 인근 한강에 갔다. 서울숲에서 뚝섬유원지 한강변 쪽으로 걸었다. 7월 하순 한강에 능소화가 많이 피어있었다. 폭염(爆炎)에도 한강은 걸을 만한 가치가 있다. 아름다운 능소화가 강렬히 피어있는 계절이기 때문이다. 인생은 모험의 길을 떠나는 삶으로만 구성된 것은 아니다. 일상의 날(every day), 일상의 시간이 있고, 우리는 시간을 선택하여 결정한다. 어디를 가든, 누구를 만나든, 귀중한 시간이어야 한다. 길을 걷는 일도 동일하다. 나에게 허여된 인생의 하루, 시간은 가장 명징하고 가장 정확히 남아있다. 근교 둘레길을 걸어갈지, 산으로 갈지, 혹은 명소를 찾아 가든지 길은 떠남의 명사이다.
　　한국인은 토요일에 목숨을 거는 것 같다. 토요일은 지하철 등 대중교통이 너무나 복잡하다. 결혼식도 참으로 많다. 누구를 만나든지, 어디론가 떠나든지 토요일에 길을 떠난다. 우리는 살아왔다. 일을 했고, 사랑했고, 원하는 취미의 삶을 살았다. 하염없이, 끝없이 그리움에 사무쳐 누구를, 무엇인가를 생각했다. 누군가를 기다렸다. 어떤 목표가

(사진제공: 문창윤님)

성취되기를 바랐다. 성취되든, 아니 되든, 시간은 어김없이 찾아온다. 며칠 전에 엄청난 비가 내렸다. 오늘은 폭염이다. 서울숲 역에 내려 서울숲으로 갔다.

    서울숲에 매우 유명한 '거울연못'이 있다. 겨울연못이 아니다. 마치 사진에는 물위를 걷는 듯 보이지만, 그렇지 않다. 동화책에 연못은 자주 등장한다. 시골 연못에서 재미있게 놀던 어린 기억을 누구나 가지고 있지 않을까? 거울 연못은 동심을 불러일으킨다. 이 연못은 사진 명소이다. 근처에는 고급 고층 건물이 즐비해 있다. 어느 순간 고가의 아파트와 맵시 있는 건물이 들어섰다. 자본주의가 급속히 발전해 형성된 대표적 장소이다. 유명 아파트도 들어선 적이 오래되었다. '갤러리아 포레' 등.

    오후에 서울숲으로 왔다가 저녁 6시쯤 한강으로 걸어갔다. 저녁 한강은 조용해보였다. 사람이 많지 않았다. 서울숲 쪽에서 뚝섬유원지 역 방향으로 걸어가면서 강을 바라보았다. 한강은 하얀 색채로 다가왔다. 하얀 색에 점이 묻으면, 보기가 흉해진다. 하양은 늘 깨끗하고 순수하고 순백하고 순정적이다. 거짓이 없다. '사' 자, 즉 사(邪)의 느낌이 없다. 보통 강은 푸르른 색깔이다. 바다도 청명하고 푸르다. 물은 늘 푸른 색을 띤다고 생각했다. 그런데 이상하게도 오늘은 하얀 색처럼 다가온다. 가끔 홍수 시에 회색빛의 강으로 변해보일 때가 있다. 흙 색깔처럼 보이는 흙토가 쏟아지는 경우이다.

    한강은 눈을 현혹하는지 화이트로 다가왔다. 예전 프랑스 영화에

'화이트', '블루' '레드'가 있었다. 그 영화들을 다 본 것 같은데, 기억이 없다. 하얀 색은 간사하지 않다. 색에 대해 잘 모르지만, 우리 민족을 백의민족이라고 명명한다. 이 색깔은 공격적이지 않다. 사람에 대한 차별의 느낌도 없는 것 같다. 이 색채는 멋진 분위기를 자아낸다. 그래서 백색(白色)의 노트라고 한다. 그 투명한 노트 위, 깨끗하고 맑은 종이 위에, 한강을 걸어가는 미학을 느낀다. 걸어감은 아름다움이다. 마음을 하얀 종이의 여백에 남겨둔다. 아무리 더워도 걷는 기분이 새롭다. 상쾌하다. 하얀 색처럼 다가왔다.

(사진제공: 문창윤님)

한강에는 능소화가 피어 있었다. 꽃도 아름답고 오늘 따라 능소화가 아름다웠다. 뜨거운 한강에서 부드러운 색감의 화이트를 보면서 나의 마음이 순화될 수 있을까? 꼭 그렇게 되기를 바랐다. 사악한 마음이 아닌, 더러운 점이 묻은 상태가 아닌, 깨끗하고 정결하고 아름다움이 가득 찬 마음을 꿈꾼다. 그저 꿈을 꾸더라도 괜찮다. 소설 '어린 왕자'처럼 어린이 같은 깨끗하고 순수한 마음을 내려달라고 빌었다.

순수한 백색의 정결함으로 하얀 창문 너머의 세상을 바라보자. 멀리 한강 수변의 끝에 아파트가 보였다. 화이트 색감의 한강을 내려다 보았다. 1981년 1월이었나? 대학입시에 실패한 그날, 홀로 제3한강교를 걸었다. 그때는 제3한강교였고, 지금은 한남대교이다. 실망하실 부모님께 미안해 고향으로 어떻게 내려가나 하는 절망의 마음이 있었다. 당시의 한강은 흑색이었을 것 같다. 40년 이상 지났다.

한국인들은 청색 계열을 좋아한다고 한다. 청록색, 연녹색이 있다. 녹색, 파랑, 한색 계열도 있다. 강은 파란 색조이다. 오늘은 한강에서 하얀 배를 타고 떠날 것 같았다. 한강에서 배를 바라보기 어렵다. 바다가 아니기 때문이다. 인천부두, 평택항만에 가면 배를 볼 수 있다. 한강에는 유람선 정도이다. 어떤 지인께서 한강에서 요트 훈련을 하고 요트 운행 자격증을 취득했다는 이야기를 들은 적이 있다. 서울은 강변도시라고 부를 수 있을까? 적어도 항구도시는 아니다. 도시 재생화 사업으로 도시는 급변하고 있다. 서울도 그렇다.

사람과의 관계는 무엇일까? 가끔 그리운 사람이 있다. 잊고 싶은 사람도 있다. 시간이 지나고 나니 그때 좀 더 잘했어야하는데 하는 후회감도 밀려온다. 내가 더 성숙했다면 그 관계는 더 아름다울 수 있었을 것이다. 기억 속에 남아 있을지는 몰라도 시간은 거침없이 흘러갔다. 후회가 남든, 아름다운 마음이 남았든 사람과의 관계도 하나의 종점에 이르렀다.

한강, 여름, 능소화가 생명력으로 아름답게 피어있다. 도시에서 스쳐가듯 지나치는 만남이 있다. 어떤 소중한 만남이 있다. 나는 글을 쓰고 있다. 시, 산문의 줄을 따라 글쓰기의 공간으로 들어가 일상을 마주친다. 아름다움을 찾는다. 선(善)을 사유한다. 삶의 관조에 대해. 걷다가 한강의 수평선을 바라본다. 혹은 인간에 대한 예의를 발산하는 내면의 고요함에 귀를 기울인다. 길을 따라 둘레길을 횡단한다. 아직 그 자태가 수그러들지 않는 여름 강가의 어연함이 저 멀리 보인다. 여름의 아름다움인가?

나의 집이 예전부터 한강변에 있었다면 한강 둘레길을 자주 열심히 걸었거나, 자전거를 타거나 그랬을까? 열심히 일하던 20-30대는 한강변 둘레길이 아름답게 조성이 안 되었을 수도 있다. 정확한 기억은 없다. 80년대 학번인 내가 졸업을 할 때쯤 취직이 비교적 쉬었다. 대기업체에서 대졸생을 많이 선발하던 시절이었다. 1989년 2월 대학 졸업을 한 나는 삼성전자에 입사했다. 학교로 기업 추천서도 종종 왔었다. 필자는 추천서를 받고 가면 떨어졌다. 공채 시험을 통해 삼성전자에 입사했다. 1988년 서울 올림픽 이후 러시아 및 동유럽권과의 경제 교류가 막 시작되던 시기였다.

아직 소련 해체 이전이라 무역 관계가 활발한 것은 아니었지만, 필자의 전공이 러시아어라서 그런지 몰라도 삼성그룹 및 삼성전자 연수 이후 1989년 4월 샐러리맨의 로망인 삼성전자 수출부로 발령받았다. 운이 좋은 케이스였다. 같이 교육을 받던 입사 동기들은 대부분 수원 삼성전자 공장으로 발령을 받는데, 나는 수출부로 배속되었다. 그런데 나의 첫 직장 생활은 단 4개월에 그쳤고, 필자는 1989년 7월 한국경제신문사 기자로 언론사 직업을 가졌다. 그 시대 우리는 직장 생활을 하느라 정신없이 바빴다. 대부분 그랬을 것이다.

(사진 제공: 문창윤님)

아름답다. 능소화. 한강 유역도 엄청나게 변하고 있다. 한강 변, 어느 공간에 능소화가 집중적으로 나의 눈을 강렬히 이끈다. 인공 조경으로 조성되었는지 모르지만, 가득히 피어있다. 한강변에 아름다운 꽃들이, 듬성듬성 나무들이, 강변 둘레에 자그마한 숲도 있다. 한강을 따라 얼마나 많은 시민이 살고 있는지 상상해보면, 그래도 꽃보다는 사람들이 더 많지 않을까. 능소화 정원 앞에 섰다. 아이처럼 해맑은 웃음을 펼쳐보였다. 아름답고 찬란한 꽃. 한강의 자존심이고 자랑거리이다. 하늘을 배경으로 능소화는 그 자체로 빛을 발한다. 눈이 시리도록 붉은 자태로.

저 능소화는 언제부터 피어 있었을까? 수년전인가, 수십 년 전인가? 학교와 직장을 다니면서, 사업을 하면서, 수변에서 왜 우리는 아름다운 꽃을 보는 시간을 가지지 못했을까? 꽃 자태가 황홀하게 아름답다. 美를 인식 못하고 지난한 세월을 왜 정신없이 보내야만 했을까? 능소화는 누님같이 생긴 꽃일까? 이 나이가 되어 그제야 삶의 여유를 얻고 있는 것일까?

능소화를 바라보았다. 능소화 정원 근처에 분수대가 있었다. 청량한 작은 분수대였다. 위에서 아래로 물이 흐르고 있다. 오후 6시가 훌쩍 넘어도 여전히 더웠다. 분수대 근처로 시원한 바람이 불어왔다. 이 폭염에 부동산 건설 공사장의 인부는 힘겹게 일하고 있을 것이다. 폭염은 터질 듯한 불꽃이다.

신계행은 '사랑 그리고 이별' 노래에서 "가슴깊이 새겨진 그대의 진실 아닌 진실의 마음"이라고 불렀다. 삶은 진실인 듯, 진실이 아닌

듯, 추억이든, 쓰라린 기억이든, 아슬아슬한 줄다리기의 평행선 위에 펼쳐진 제로섬 게임 같았다. 성공한 삶이든, 실패하고 쓰라린 기억이 있었든 상관없이 한 시대를 건너왔다. 시대의 권위가 소용돌이치며 급격히 무너지고 있지만, 그래도 지켜야할 것이 있다. '존중(respect)' 이다. 모든 이에게 그렇게 대해야한다. 60대인 내가 배워온 삶의 자그마한 철학이다.

    필자가 예술을 잘 모르지만, 삶은 예술의 영역과도 같다. 필자가 사진예술에 대해서 거의 모르지만, 그건 더 높은 산정위에 존재하는 영역 같다. 사진작가는 예술가 명칭을 받는다. 그는 영혼, 영감을 가지고 초연히 서있는 존재일 것이다. 인생은 예술처럼, 예술은 인생처럼 고품격으로 나아간다면, 사회는 더 수준 높은 세상에 도달하지 않을까?

에필로그

　많이 유행하는 문장인 "나이는 숫자에 불과하다"는 구호를 외치고 싶었다. 여전히 꿈을 꾼다. 삶의 진정성과 열정을. 아직 오지 않은 날들을 꿈꾼다. 더 멋지고 좋은 세상을 기다린다. 아직 도전해야할, 도전하고 싶은 일이 남아있다. 그 일이 가득 차있다. 능소화의 붉은 색은 하늘에서 내려온 선율인가. 붉음은 열정이다. 7월의 폭염은 열정의 색깔이다. 이 뜨거운 계절은 사라지겠지만, 열정적인 생명을 발산하는 꽃의 자존심이 있다. 붉음은 생명이다. 장미가 생명을 상징하듯, 붉은 능소화는 내면의 열정과 삶의 희구로 다가온다.
　예프투센코는 러시아 시베리아 출생의 시인이다. 그의 책과 시를 읽었다. 그 시인의 시의 특성은 어떤 강렬한 생명력에 있다. 능소화를 보면서 그 시인이 불현듯 생각났다. 시베리아를 뜨거운 여름과 비교할 수 없다. 강렬하고 뜨거운 태양이 내리쬐는 지금의 한강과 혹독한 추위의 시베리아는 동일한 생명력으로 가득 차 있을 것만 같다. 시베리아에는 침엽수, 활엽수, 툰드라 지대가 있다. 시베리아 숲은 추위를 견디고 살아남았고 강해져있다. 그 나무와 숲은 생명력이 있다. 능소화는 시베리아 툰드라 지대의 나무처럼, 자작나무처럼 생명력이 충일한 삶의 원형으로 다가온다.

수종사

3. 가을의 북한강변에 가다.
"잘했다고 등 두드려 주자"

    10월 초순, 북한강변으로 갔다. 인근 수종사에도 들르고 '물의 정원'을 방문했다. 예봉산, 운길산 둘레길을 걸어가면 수종사에 도착한다. 어떤 길에 서든, 창조적인 마음으로 그 길을 대하고 싶었다. 특정 장소는 대부분 처음 가보는 곳이 많다. 첫 길이다. 꿈을 꾸듯이, 꿈속에 거하듯이 하루의 시간을 보낼 수 있을까? 처음 밟아보는 땅은 전설처럼, 꿈속의 길처럼 느껴진다. 여러 번 간곳도 그럴 것이다. 새로운 곳도 좋지만, 여러 번 가본 장소에서 회상하는 경험을 좋아한다.
    파이오니어 정신으로 길을 개척하는 이들이 있다. 아무도 가지 않은 길을 개척한다. 개척자의 영혼이 풍부한 사람들을 닮고 싶다. 아문센(1872-1928)이 그러했을 것이다. 그는 최초로 남극 탐험에 성공한 개척자이다. 북극에는 비행선을 타고 도착했고, 인류 최초로 도달했다. 생각해보면 가야할 곳이 너무나 많다. 비록 개척자는 되지 못하지만, 사람들이 잘 걷지 않는 골목길을 방문하는 사람이라도 되고 싶다. 골목길 탐험자가 되고 싶다.

수종사 입구에 다다랐다. 먼저 '해탈문'을 지나갔다. 수종사에 오는 이들은 해탈의 마음을 가져야 할 것 같다. '해탈(解脫)'은 불교용어이다. 고뇌, 속박으로부터 해방을 뜻한다. 나의 종교와 다르지만, 사찰에 가끔 오는 경우가 있다. 필자는 개신교 신자이다. 종교 불문으로 지상 세계에서 인간의 가치는 무엇일까? 관심 있는 주제였다. 존중, 배려, 자상한 태도가 얼마나 중요하고 훌륭한 행동인지 조금씩 알아가고 있다. 이 늦은 나이에 말이다. 타인과의 대화를 통해서, 책을 읽으면서 그런 가치가 가족과 사회를 얼마나 풍요롭게 하는 것인지 깨닫고 있다. 사회에서 나름대로 실적을 쌓고 그렇게 살아갔는지 몰라도, 그런 가치에 대해서는 많이 부족했던 것을 인정한다. 필자는 훌륭한 성품을 제대로 갖추지 못했다. 이제야 더더욱 사람의 도리와 가치가 귀하다는 것을 새삼스럽게 알아가고 있다. 이제라도 가족과 타인을 깊게 배려하는 그런 사람이 될 수 있을까 자문해본다. 자신은 없다. 그러나 노력은 해야 한다. 몸에 배어 있지 못한 성품이다. 사람으로서의 기본적인 가치의 창출이 부족해 부끄럽다.

타인을 따뜻하고 친절히 대하는 것은 아름다운 덕목이다. 그런 마음을 소유하기 위해 스스로 내면의 문제점을 해결해야 할 것이다. 공감 능력도 핵심 가치이다. 공감은 타인의 아픔과 고통을 이해하는 성품에 속한다. 아 그런 수준 높은 사람이 된다면 얼마나 행복할까.

　수종사의 마당이 초등학교 운동회의 운동장을 연상하는 느낌으로 다가왔다. 인생에서 가장 강력한 추억으로 남아있는 시기는 1970년대였다. 그 때 초등학교 운동회에는 낭만이 있었다. 1969년에 초등학교 1학년에 입학했다. 1학년 운동회 때 어머니, 누나, 형과 같이 찍은 사진을 아직도 가지고 있다. 정겹고 사랑스러웠다. 초등학교 입학 이전 작은 누나가 학교에서 가지고 온 옥수수 빵을 눈을 켜고 기다린 적이 있었다. 누나는 학교에서 그 빵을 다 먹지 않고 집으로 가져왔다. 집에서 기다리는 동생을 위해서였을까. 약간 노란 색깔로 기억나는 그 옥수수 빵은 얼마나 맛있었던지. 1960년대 미국은 한국에 옥수수를 지원해주었다. 미국의 옥수수 평원은 얼마나 큰지 한국의 전체 면적보다도 훨씬 더 크다고 어느 TV 교양프로그램에서 본 적이 있었다.

사찰에 왔어도 북한강에 더 관심이 갔다. 양평철교가 눈 아래 펼쳐졌다. 북한강은 조용히 흘러간다. 따뜻한 마음으로 친절을 베푸는 행동에 감동을 느끼는 경우가 많다. 강을 조용히 바라보니 작은 결심이 생긴다. 작은 친절, 따뜻한 말, 위로와 격려의 칭찬을 자주 해보자는 자그마한 결심이다. 가족과 이웃에게 배려 깊은 사람이 된다면, 진정한 동행의 가치이고 함께하는 어울림의 미학이 아닐까.

거대한 종이 서있다. '범종각'이다. 종각의 그 종을 연상하게 한다. 새해가 되면 가장 먼저 종각의 종이 타종된다. 범종각의 종은 새벽 4시30분과 저녁 6시에 타종된다. '종'은 태고 적부터 울려오는 역사이다. 고조선을 지나 삼한시대를 거쳐 삼국시대, 고려, 조선, 대한제국, 그리고 대한민국까지 역사와 함께 한 종이다. 역사의 위기 앞에서 타종이 되고 국가 경축일에도 그러하다. 일상의 삶에서 저 종은 명상, 관조와 연관된다. 은은함과 고요함에 묻혀 하루의 시간을 돌아보라는 것은 아닐지. 종은 은은히 들려오지만, 국가의 고난의 시기에 종소리는 울려 퍼질 것이다. 종소리는 역사의 소리이다. 대한민국의 소리이다. 민족의 외침이다.

수종사의 범종각

수종사 은행나무

거대한 은행나무가 범종각 옆에 서있다. 수종사의 대표적인 명물인 은행나무이다. 세조가 병을 치료하고 이 근처를 지나면서 종소리를 듣고 은행나무를 사사하였다고 한다. 세조의 재위 기간을 인터넷에서 찾아보았다. 1455-1468년이다. 그렇다면 은행나무의 수명은 적어도 550년이 넘었다. 임금이 하사해 잘 보존했을 것이다. 장기간 보존된 점이 인상적이다.

이 기간 수종사를 방문한 사람은 얼마나 많이 있었을까. 많은 사람들이 저 나무를 보았다. 용문산에 가면 수령이 1,100년으로 추정되는 명물인 은행나무가 있다. 수종사 은행나무의 존재는 처음 알았다. 필자는 명승 유적지에 많이 가본 경험은 없다. 돌아가신 아버지를 생각했다. 아버지께서는 수종사의 저 은행나무를 보았을까. 시골에 사셨고, 여행을 많이 하지 않으신 분이라 아마 오지 않았을 것이다.

생각해보면, 아버지 세대는 여행을 별로 하지 못한 분들이었구나 하는 마음이 새삼스레 들었다. 이런 특색 있는 사물을 보면, 자주 부모님 생각이 난다. 그들이 누리지 못했던 문화 여행을 생각하면, 아들 세대인 내가 경험하는 여행의 행복은 그분들로부터 받은 은혜라는 생각뿐이다. 그들은 가난한 50년대, 그리고 60-70년대 산업화 시대에서 그 역할을 다 하셨던 산증인이다. 그 혜택을 내가 누리고 있다. 그러니 늘 아버지 전상서를 쓰고 싶은 마음이다. 이제는 부모님이 돌아가셨다. 나는 여전히 불효자이며, 아버지 세대로부터 너무나 많고 값진 빚을 지고 있다.

수종사에서 내려가는 길이다. 부드러운 모래 길 같다. 자갈길일 것이다. 구절초가 피어있었다. 내려가다 보니 아스팔트길이 이어져 있었다. 길은 그렇다. 모래 길만 있는 것이 아니다. 오솔길, 꽃길만 있지도 않다. 미려한 메타쉐콰이어 숲길만 펼쳐진 것도 아니다. 아스팔트길을 거치기도 하고 거친 사막을 지나친다. 혹은 매서운 돌부리, 칼바위 길도 헤쳐 나가야한다. 길은 길에서 시작하고 길에서 끝난다. 삶은 길이다. 길을 걸어가고 길에 대해 이야기한다. 동시에 삶을 생각하고 관조한다. 다양한 길에서 많은 사건을 경험하고 새로운 인간관계가 형성된다.

둘레길을 걸으면서 나는 길을 걷는 것을 아주 좋아한다는 사실을 알았다. 그 전에는 잘 알지 못했다. 2012년부터 2017년까지 일산에서 살았다. 2014년부터 2017년까지 3년 6개월 동안 가족이 해외에서 살았고 나는 기러기 삶을 살고 있었다. 그때 주말마다 일산 호수공원에 자주 갔다. 줄곧 대중교통을 이용했기 때문에 평소에 걷는 편이었지만, 확실하게 목적을 정하고 걸어본 것은 일산 호수공원 산책이 거의 처음이 아니었을까 한다. 공원을 한번 돌면 나의 걸음으로 40분 남짓이었다. 50분이 채 걸리지 않았다. 2021년 친구를 통해 둘레길 밴드를 처음 소개받았고, 둘레길이 있다는 것을 알았고 시간이 생길 때마다 본격적으로 걷기 시작했다.

물의 정원

물의 정원에 도착했다. 황화코스모스의 향연이다. 부끄러운 고백이지만, 황화코스모스를 처음 알았다. 원산지가 중국이다. 수입해서 심은 것인가. 중국을 황색으로 표현하는 경우가 있다. 양쯔강도 황토색, 즉 황색으로 유명하다. 왠지 '황화' 라는 단어는 유쾌하게 느껴지지 않는다. 단어 자체가 불쾌한 의미가 될 수 있다. 예를 들면 일제시대 '황국신민(皇國臣民)'과 같이 불쾌한 역사 용어가 있다. '황화'와 '황국신민'의 '황'은 다른 의미이지만 한글 상으로는 '황'이 공통어이다.

코스모스는 코스모스이다. 그런데 이 황화코스모스는 어릴 때 가을, 그 순수의 시대, 나의 마음을 사로잡던 그 코스모스는 아닌 것 같아 약간 씁쓰레하다. 어린 시절, 코스모스는 어디에선가 피어있었다. 길가, 꽃밭, 정원에도 있었다. 10월이다. 가을이지만, 아직 무엇인가 성숙하거나 깊이 있는 가을이 아닌 것 같다. 가을은 단풍이 수반되어야 가을처럼 느껴진다. 단풍 계절이 오지 않았다. 단풍이 물들기 이전 가을의 전령사는 코스모스와 잠자리이다. 나에게 그렇다. 요새는 잠자리도 제대로 잘 볼 수 없다. 가을은 어느 가수가 부르듯이 슬픈 계절이 아니다. 물의 정원에서 10월 10일 전후로 황화코스모스는 절정에 달한다. 가을의 냄새를 깊이 맛본다. 개인적으로 가장 좋아하는 꽃이 코스모스이다. 가을을 너무 사랑하고 싶어서일까? 곧 낙엽 타는 냄새도 맡을 수 있을 것이다. 그래도 나는 코스모스의 향취를 깊게 숨쉬고 싶다.

길을 걸었다. 4시가 지나가고 있었다. 북한강변의 아름다운 나무들을 지나쳤다. 나무가 아름다웠다. 가을 정서가 확 밀려왔다. 지인이 '코스모스' 노래를 불렀다. 나는 중간 중간 그 가사를 잊어버렸지만. 지인은 정확히 알고 있었다. "코스모스 한들한들 피어있는 길. 향기로운 가을 길을 걸어갑니다. 기다리는 마음같이 초조하여라." 우리는 연인과 코스모스 길을 같이 걸어간 기억이 있다. 사람들은 저마다 청년 시기, 사랑하는 분과 코스모스 길을 걸으면서 사랑 고백을 한 분들도 있을 것이다. 그런 기억과 경험이 있다. 그런데 70-80년대 우리 세대는 대체적으로 고백을 못한 시대였다. 초조한 마음으로 하릴없이 시간이 지나갔다.

회고의 심정으로, 그 노래를 부르던 푸르고 푸른 청춘의 시절로 돌아가고 싶다. 코스모스 노래 가사처럼, 아름다운 가을에도 초조한 심정이 마음 한켠에 지금도 강하게 남아있다. 지나간 시절이 그립다. 마치 토요일 오후, 학생들이 다 가고 난 뒤, 비가 오던 교정의 바깥을 응시하면서 양희은의 "이루어질 수 없는 사랑"을 감정을 넣고 기타를 치며 부르던 고1때 친구의 모습처럼. 걷다보니 북한강의 수질이 깨끗하다는 것을 느꼈다. 나무들에게 양분이 듬뿍 공급되기를 기원했다. 북한강이 더없이 깨끗하다. "더없이"는 "한없이"라는 단어와 동의어이다. 북한강변의 모습이 고적하고 한없이 조용하다.

　영화감독 홍상수가 만든 영화 중 "강변호텔"이 있다. 김민희가 주연이다. 김민희는 홍상수 영화에 자주 출연했다. 두 사람은 '세기의 사랑'이라고 할 수 없지만, 일반인은 경험할 수 없는 특별한 인생을 사시는 것 같다. 홍상수 영화에는 그런 제목들이 눈에 띈다. "강변호텔", "밤의 해변에서 혼자", "물 안에서" 등등. 필자는 그를 '강변 감독'이라고 부르고 싶다. 영화의 소재 대부분은 혹시 북한강변이 아닐까. 양평, 양수리, 팔당 등을 포괄하는 북한강변. 나도 그곳에 자주 간다. 집에서 멀지 않기 때문이다.
　강변에 서면, 무엇인가 생각하는 습관이 생긴 것 같다. 특별할 것도 없다. 회상하는 인간인가보다. 잘했던 일, 잘못한 일 등이 가끔 떠오른다. 반성의 시간도 가져본다. 필자는 성격적으로 부족한 점이 많다. 다정다감하다는 말을 들을 때도 있지만, 일단 허점이 많다. 타인에게 상처 아닌 상처를 주었을 것이다. 강변에 서서 반성한다고 모든 것을 용서받을 수 없다. 그래도 긍정 에너지를 가지고 미래의 일을 구상한다. 아직도 인생의 많은 시간이 남아있다. 사회에서 유익을 끼칠 기회가 남았다고 생각하기에 강변에서 삶을 사유하고 고찰한다.

강변의 숨결을 느끼고, 깨끗한 강변의 공기를 마시고, 폐의 혼탁해진 숨을 밖으로 내보내고, 따뜻한 태양 아래에서 광합성을 느끼는 이 시간이 정겹다. 갈대숲을 바라보았다. 북한강변의 '갈대'이다. 갈대와 억새의 차이점 중 갈대는 강의 물 곁에 있는 것이 특징이다. 내가 누군가에게 물어보았다. 왜 갈대는 여자마음처럼 흔들린다고 하는 거에요? 어떤 분이 말했다. "자 보세요. 바람이 불지 않아도 갈대가 흔들리잖아요? 갈대는 그런거에요. 그렇지만, 저 갈대의 뿌리는 매우 견고해요"라고 말씀했다.

처음 듣는 이야기였다. 갈대의 뿌리에 대해. 그 말이 맞다면 갈대는 흔들리는 것이 아니라 굳건한 존재이다. 우리 눈에 바람에 흔들리는 것처럼 보였을지 모른다. 갈대는 쓰러지지 않고 억세지 않을까. 근본이 흔들리지 않는다. 흔들리는 갈대라는 표현은 올바르지 않다. 통념을 흔드는 말이다. 상식적으로 알고있는 것이 정확하지 않을 때가 있다. 반전이다.

북한강 너머를 바라보았다. 어떤 분들이 살고 있을까? 일상의 삶을 살다가 북한강변에 왔다. 이 강에 오는 것도 생활이다. 내가 아닌 타인, 타국의 문화를 존중하는 마음으로 서있고 싶다. 필자는 모스크바 국립대학교에서 역사학 박사 학위를 취득했다. 귀국해서 러시아뿐 만 아니라 중앙아시아, 코카서스 등 다양한 지역을 연구했다. 러시아 역사, 러시아 지역학, 중앙아시아 지역학, 코카서스 지역학에 관련된 논문을 게재했다. 특히 유라시아 종교문화를 중점적으로 연구해 왔다.

이번에는 북한강변의 억새풀을 보았다. 은색의 억새를 볼 때마다 은빛이 성숙하고 아름답다는 생각을 한 적이 있다. 은색의 머리카락을 한 러시아의 유명 바리톤이 있다. 이름은 '드미트리 흐보로스톱스키'(Дмитрий Хворостовский, Dmitri Hvorostovsky)이다. 그의 머리가 완전한 은색이다. 필자가 제일 좋아하는 러시아 노래는 '모스크바 근교의 밤'(Подмосковные вечера)이다. 2013년 모스크바 붉은 광장에서 그는 러시아의 세계적 소프라노인 '안나 네트렙코(Anna Netrebko)'와 공동으로 이 노래를 불렀다. 유튜브에 꽤 유명한 장면으로 나온다. 필자도 자주 그 노래를 듣는다. 그는 나와 동갑인데, 벌써 고인이 되었다(유튜브 주소: Anna Netrebko, Dmitri Hvorostovsky - Moscow Nights (Подмосковные вечера).

저 독특하고 특별한 색깔의 억새는 나름대로 보기에 좋다. 어떤 책 제목이 "걸어서 보이는"이다. 걸어야 보이는 것들이 있다. 억새는 늘 우리 곁에 있는 것 같지만, 실상 억새는 어떤 곳에 가야만 볼 수 있다. 오솔길이든, 강 가까이에 있든, 산에서 피어있든, 어디론가 가야만 한다. 작년에 억새가 만개한 산으로 갔던 적이 있다. 끝없이 펼쳐져 있는 억새였다. 근교로는 월드컵경기장역 근처인 '하늘공원'에서 멋있는 억새를 본 적이 있었다. 일몰이 억새와 어울려 장관을 이루었다. 또 억새를 보러가자.

에필로그

저녁이 다가오고 있었다. 아니 저녁이 온 것 같다. 황화 코스모스 맞은편에 피어있는 저 코스모스, 즉 진짜 코스모스를 바라본다. 잘 왔다는 생각이 들었다. 우리는 세상의 많은 곳에 가지 못한다. 직업에 충실하고 바쁘게 살아왔던 삶이었다. 노래가사처럼, "가을 내 맘 아려 나"의 심정이다. 평생 의무감, 성실함으로 인생을 살고자 애썼다. 누군가가 "잘했다"고 등을 두드려주고 위로한다면, 얼마나 행복할까? 누군가 그렇게 해주기를 바랐던 마음이 있었다. 동양철학을 빌려오지 않더라도 한 사람의 운명, 개인의 존재는 하나의 우주(宇宙)이다. 비가 내리면 냇가로 비가 흘러간다. 강으로 물이 내려간다. 그리고 바다로 나아간다. 어디에 가서나 아름다운 것은 존재한다. 아름다움이 나의 눈 속에, 마음속에 영글어지기를 바라는 마음이었다.

4. 가을의 마장호수에 서다.
"그래. 괜찮아. 지금까지 잘해왔어"

2024년 9월 21일 토요일, 마장호수로 떠났다. 9월의 셋째 주 토요일이다. 토요일은 인생의 아름다운 단어처럼 느껴졌다. 아침부터 내가 거주하던 동네는 빗방울이 떨어지고 있었다. 여름이, 폭염이 지나가는 것인가? 수개월 만에 처음으로 고민을 했다. 가을 잠바를 챙기고

마장호수 출렁다리 (사진제공: 문창윤님)

마장호수로 가야할까? 아니면 가벼운 여름의 가디언이면 될까? 이런 고민은 하는 것만도 행복한 일이다. 토요일이기 때문이다. 폭염의 여름에는 도저히 생각할 수 없는 일이었다.

가을의 빛바랜 낙엽과 빨간, 노란 단풍을 생각하니 아침부터 기운이 솟아오르고 있었다. 가슴 설레는 주말이 아닌가. 마장호수는 세계에서 가장 큰 호수인 시베리아의 '바이칼' 호수도 아니다. 스위스의 '레만' 호수도 아니다. 크로아티아의 '플리트비제' 호수도 아니다. 러시아의 노벨 문학상 수상자이며 세계적 문호인 솔제니친이 방문한 적이 있는 러시아의 세그젠 호수도 아니다.

운정역에서 내려서 마장호수로 가는 버스를 탔다. 약 50분 정도 걸렸다. 마장호수에 도착했다. 호수는 맑고 깨끗했다. 여름은 물러가 있었다. 가을잠바를 준비해 와도 전혀 이상하지 않았다. 그래도 단풍이 오는 소리가 들리지 않았다. 귀뚜라미 소리도 없다. 잠자리도 전혀 보이지 않는다. 가을의 상징이 아직 출현하는 때가 되지 않았나보다. 기쁜 마음이 오고 있었다. 쓸쓸함이 밀려오지 않았다. 가을의 스산한 바람 소리는 아직 들리지 않는다. 호수는 더 없이 잔잔하고 부드러웠다. 방송이 들렸다. 호수 깊이가 수십 미터이니 조심하라는 경고성 광고였다.

출렁다리로 다가가 건너갔다. 지나가는 사람이 저 아래가 바다 같다고 하였다. 바다와 호수는 차이점이 있다. 대양(大洋)으로 나아가는 출구가 있어야 바다이다. 다리 앞에서 잠시 머물렀다. 저 너머에 호수처럼 맑고 탐스러운 꽃이, 하얀 집이, 그리고 작은 도서관이 있을 것만 같았다. 문득 고교 시절 좋아하던 노래가 마음속에 떠돌았다. '하얀 집'으로 번역되던 '카사비양카'이다. "바다와 맞닿은 그곳에 붉은 빛의 부겐빌레아." 호수 너머 하얀 집을 가져보았으면, 혹은 빨간 색깔의 부겐빌레아의 향취를 마시고 싶다는 열정이 솟았다. 그건 이루어질 수 없는 꿈이지만, 잠간 그런 감정에 젖어보았다.

이곳에 서니 괜히 이루어질 수 없는 꿈을 꾸고야 만다. 세상은 이루어질 수 없는 것으로 가득 차 있다. 그런데, 무엇을 애태워 하고, 그리워하는가. 나이를 먹으니 자꾸 눈물이 난다. 이 다리에서 멋있게 가을의 잠바를 입고, 청춘의 술을 마시고, 꿈으로 가득 찬 지난 청년 시절을 기억하고 싶었을까? 방송에서, 유튜브에서, 책에서 늘 그런 말을 하고 있지 않은가. 인생은 특별하지 않은 것, 인생은 그저 그런 것, 그러니 너무 인생에 기대를 걸지 말라고.

나는 인생은 특별한 것이라고 생각했다. 그런데 어느 순간부터 인생은 그저 그런 것이라는 말에 슬며시 동의를 하고 있는 듯하다. 그래. 통속적으로 하는 말이 있지 않은가. 인생 별것 있느냐 말이다. 어느 철학자가 그랬던가. 우리는 사유하는 사람이라고. 나는 그렇게 말하고 싶다. 우리는 기억하는 사람이라고. 살아있음으로 만난다. 오랜 세월 기억 속에 간직하고 싶은 사람도 있다. 바람이 불고, 눈이 내리고, 향기로운 계절이 오고, 청포도 익어가는 시간이 오더라도, 다시 만나고 싶은 분이 있다. 이상하게도 만나고 싶은 분은 대부분 연락처가 없다. 그러나 현실에서 이제 그것이 무슨 소용이 있을까. 아무리 생각해도 최고의 기억, 최고의 시간은 오늘의 기억, 시간이 되어야하지 않을까.

출렁다리 위의 사람들은 한국의 출렁다리에 몇 번 가보았을까? 국내에 많은 출렁다리가 생겼다. 어떤 일로 충청도의 봉곡에 간 적이 있었다. 차를 타고 그곳 근처를 지나는데, 출렁다리가 있었다. 출렁다리는 가까이 흔하게 있다. 마음을 먹으면, 지방의 출렁다리에 여러 번 갈 수 있을 것이다. 노스텔지어와 기억은 사라져버린 과거의 시간이다. 마장호수의 출렁다리에 존재하고 있는 이 시간이 최고의 순간이 될 수 있다. 그런데 나는 왜 또 고등학교 때 사춘기적 감성으로 사랑한 '카사비앙카'의 곡조에 이렇게 흔들리는 마음일까.

레드 브릿지 카페

마장호수의 '레드 브릿지(Red Bridge)' 카페에 도착했다. 이런 개인 가게에 대해 쓰는 것이 적절한지 모르겠다. 그러나 개인적으로 느낀 감성이 있어 약간 서술하기로 했다. 카페 근처에서 보니 빨간 색감으로 자그마한 목조, 혹은 철골 구조의 작은 다리가 연결되어있는 듯한 건축 조형물이 있었다. 목조인지, 철골인지 자세히 알 수 없었다. 예술 작품인지 아니면 건축 양식인지 헷갈릴 때가 있다. 무언가 모호하거나 새로운 감각의 디자인이 동원된다. 그래야 시선을 끌 수 있다. 카페 내부도 그렇다. 다른 카페에서 볼 수 없는 그 무언가 공간의 개성을 지녀야 한다. 고유한 특징과 개성을 갖춘 '시그니처(signature)'를 가지고 있어야 한다. 그 카페가 자랑하는, 뛰어난 음료나 음식이 있어야 한다. 이 카페의 시그니처는 '라떼(Latte)'라고 적혀 있다. 1만원이다.

카페에 들어가기 전 누군가가 물어보았다. 여기 커피 값이 4-5 천원 정도 하겠지요? 내가 대답했다. "무슨 말씀을 하십니까? 아메리카노 커피 기준, 7,000-8,000원 정도의 가격일 것입니다. 이런 곳의 시세를 잘 모르시는군요?" 웃으면서 약간의 핀잔을 주었다. 나의 예상과 다르지 않게 아메리카노 커피 값은 7,500원이었다. 명소라 가격은 프리미엄이다. 이 카페도 주말이 아니면 붐비지 않을 수 있다. 처음 들러본 곳이지만, 많은 분들이 찾기를 기원했다.

(사진제공: 장호정님)

　카페에서 바라보는 마장호수의 느낌이 무엇일까? 맑고 정갈하고 깨끗한 분위기이다. 가을이 소리 없이 다가오고 있었다. 계절 변화의 첫 번째 느낌이 무엇일까? 그 자연의 변화는 색깔의 변화이다. 자연법칙처럼, 여름이 가는 소리는 녹음 색깔의 변화이다. 9월 21일의 녹음에는 조금의 변화가 보였다. 채색되어있지는 않지만, 작은 변화의 감지를 느낀다. 청명하고 깨끗한 저 호수 위를 걸어가고 싶은 마음이었다. 전망이 특별했다. 서울 도심이 아니더라도 근교에 가고 싶은 이유는 그 근교에 좋은 것이 있기 때문이다.

　가끔 '소리가 없는 것'은 두려움을 준다. 그런 단어가 있다. '침묵의 살인자.' 호수 위는 무언가 윤슬의 작은 속삭임도 보이지 않는 듯 하다. 강력한 태양의 눈부심도, 분주한 걸음걸이도 없다. 창공을 향해 소리치는 어린이의 목소리도 들리지 않는다. 다만 카페에서 재잘거리는 소리가 들린다. 카페도 비교적 조용하다. 침묵이 가장 무서울 때가 있다. 침묵은 그 뒤에 다가올 고성(高聲) 직전이다. 현재의 시간이 불안감과 두려움을 주는 시간인지도 모르겠다. 침묵을 뛰어넘어 희망과 즐거움의 순간을 바라보면 된다. 무엇을 두려워하는가? 그럴 필요 없다. 이 삶의 전장에서 고요하게, 차분하게 있다면, 불안과 두려움은 물러갈 수 있다. 그 승리를 바라보자.

인생이 특별하지 않다고 말하더라도, 나는 어떤 꿈을 가지고 있다. 모르겠다. 그 실체를 모르겠다. 어느 가수의 노래처럼, 눈물이 메마른 줄 알았는데, 아직도 마음 한구석에 눈물이 진하게 남아있는 듯 했다. 무엇 때문에 그러할까? 괜시리 어떤 감정과 생각에 젖는다. 시간이 흐르고 인생의 가장 젊은 날인 오늘도 간다. 거역할 수 없다. 나는 이 공간에 존재한다. 내가 행복을 느낀다면 되는 것이 아닐까? 화두는 무엇이었을까? 마장호수를 걸었던 것? '카사비앙카', 즉 작은 집을 그리워한 것? 나도 모르게 누군가를 기억한 것이었을까? 지나가는 시간의 애틋함이었을까? 아니다. 행복을 생각해야겠다. 가장 사랑하는 가족을 위해 내 마음을 단단히 다잡고 미래의 꿈을 꾸는 것이다. 가족의 평안과 미래를 위해.

    이 순간 가장 확실한 사실은 마장호수의 공기를 마시고, 깊은 숨을 몰아쉬고, 깨끗한 공기를 마시고, 호수 주위의 나무를 돌아보고 있는 그 자체이다. 호숫가에서 불어오는 자그마한 바람 소리, 인간의 자연, 그 시원(始原)의 세계에 내가 숨 쉬고 존재하고 있다. 고대를 지나 얼마나 많은 시간이 흘러 마장호수가 형성되었을까. 호수를 지나면 무엇이 기다리고 있을까? 그리 고상한 곳은 아닐 수 있다. 1980년대 필자는 자주 가보지 못했지만, 많은 젊은이들은 금요일과 주말 시간을 보내기 위해 장흥으로 놀러갔다. 아마 장흥 유원지 근처일 수 있다. 누군가 말했다. "저 넘어 가면 장흥이에요." 추억은 가까이에 있다.

다시 적게 되지만, '카사비양카', 언덕 위의 하얀 집이다. 그때는 언젠가 하얀 집을 짓고 살 수 있을 것 같았다. 그런데 지금은 어떨까? 그 집에 대한 그리움만 가득히 있다. 나는 하얀 집을 소유하지 못하고 있다. 그래도 괜찮아. 스스로에게 말했다. 슬퍼하지 마라! 꿈은 꿀 수 있잖아. 바다가 맞닿은 그곳에서 말이야. 나는 도시의 아파트에서 살고 있다. 80년대로 돌아간다면, 80년대의 꿈을 꿀 것 같다. 현실은 수용하고 받아들여야하는 시간의 엄격함을 가지고 있다. 시간은 잔혹하다. 시간은 매섭다. 시간은 누구에게도 공평하게 주어져있다. 시간은 엄혹한 겨울의 비바람이다. 무서운 존재처럼 서 있다. 우리는 치열하게 살아왔을 것이다. 이 시간까지 도착했다. 가족이 있었다. 직업이 있었다. 주위에 지인들이 있었다. 여전히 지금도 그 어떤 생업에 종사하고 있다. 그러니깐 화자인 나에게 말하는 것이다. "그래도 괜찮아. 지금까지 잘해왔잖아."

에필로그

11월의 문광저수지 (사진제공: 문창윤님)

　사진작가 문창윤님이 11월에 찍은 괴산 문광저수지 사진을 보내주셨다. 사진 기술이 뛰어나다. 마장호수는 청평호수가 아니다. 충주호가 아니다. 그 호수들은 웅장하고 거창하고 눈이 부시도록 맑은 기억이 있다. 마장호수는 호수의 평범함을 지닌다. 평범한 것에서 위대한 것, 특별한 것, 고유한 것, 초월적인 그 어떤 것을 발견할 수 있다면, 평범한 곳이라도 기쁘고 만족할 수 있다.

    러시아의 국민 시인은 푸시킨이다. '시인에게'(к поэту)라는 그의 시에 이런 내용이 있다. "그대는 그대의 삶에 만족하는가?" (Вы доволены жизнью?) 라는 싯구이다. 오랫동안 그 시에 대해 생각해보았다. 왜 그런 시를 썼을까? 시인은 그 누가 자신을 방해하더라도 차르처럼, 황제처럼, 본연의 길을 가라는 메시지이다. 푸시킨은 그러한 자세로 살았다. 이곳, 멋진 마장호수에 오면 그런 질문이 떠오른다. 오늘 이 길에 대해 만족했는가? 라고 누군가가 물어볼 것 같다. 그렇다면 답 노트를 쓸 준비가 되어 있다. 나는 이 길을 만족한다고. 나는 이 길을 사랑한다고. 왜냐하면 걸어갔고 선택한 길이었기 때문에.

5. 가을의 장자호수공원과 구리한강시민공원.
   "사랑은 영원한 것"

　　2024년 11월 16일 토요일 장자호수공원과 구리한강시민공원을 찾았다. 8호선 장자호수공원 역 근처이다. 일반 사람들의 거주지 가까운 곳에 이런 호수공원이 있다. 11월 중순 한국의 가을은 어떨까? 사람들은 '만추(晩秋)'라는 단어를 쓰기 시작했다. 그런데 나의 마음에 만추는 아직 오지 않았다. 서둘러 겨울을 못내 기다리고 마는 이들의 정서인가, 혹은 생각 없이 쓰는 단어의 향유인가? 나는 가을을 보내고 싶지 않았다. 뉘엿뉘엿 서산으로 넘어가는 일몰을 부질없이 바라보는 그런 심정을 가지고 싶지 않았다. 휴일에 해외로 떠나는 친구를 공항에서 아쉽게 배웅하듯이, 그런 마음으로 토요일을 보내고 싶지 않았다. 그래서 장자호수공원으로 출발했다.

　　장자호수공원 면적이 일산호수공원 만큼 넓지 않다. 삶은 가끔 알지 못하고 지나가는 것이 너무나 많다. 필자는 둘레길 모임이나 산악회 등의 동호회를 전혀 모르고 사회생활에 매진하며 살았다. 그런 노력으로 사회적 산출물, 결과물인 논문과 저서를 많이 출간했다. 그리고 강의를 했다. 늦은 나이인 41세에 모스크바로 유학을 떠났다.

장자호수공원

2005년 모스크바국립 대학교에서 역사학 박사학위를 받았다. 귀국해서 정신없이 살았다. 후회하지 않는다. 최선을 다해 아카데미 생활을 하고 지금까지 왔다. 그런대로 여러 좋은 사회적 결과물을 얻었다. 대학에서 교수 임용이 되고 연구 실적도 많았다.

호수는 더없이 맑았다. 아니 그렇게 믿고 싶었다. 삶의 귀중한 시간을 내어 왔다. 공원의 자태를 알고 싶었고, 호수가 주는 위안을 받고 싶었다. 부드럽게 안위해주는 손길, 눈빛을 원했는지 모른다. 인간과 자연이 일체가 되는 조화로운 꿈이 이루어지기를 기원했다. 어쩌면 시베리아의 거대한 바이칼 호수를 연상할 수 있다. 그런데 이 작은 호수와 바이칼 호수를 비교할 수 없다. 그래도 괜찮다. 이곳은 조국의 호수이다. 나는 '고향' '귀향'이라는 단어를 매우 좋아한다. 이 호수는 조국처럼 포근하게 다가온다. 아름다운 산하, 그 원색의 맑음, 깨끗함이다. 호수는 나를 수용할 태세이다. 넓은 아량과 포근한 미소로 반가이 맞아준다.

호수공원에 와서 알았다. 단풍이 아직 살아서 숨을 쉬고 있다는 것을. 가을은 가지 않았다. 더 따뜻한 기온이 지속되고 있다. 추위는 오지 않았다. 내일 추위가 올지 모르지만, 오늘 찬연한 가을이다. 찬란한 봄날을 상징하는 시가 있었다. "모란이 피기까지는 나는 아직 나의 봄을 기다리고 있을 터이오." 김영랑의 봄은 "찬란한 슬픔의 봄"이었다. 솔직히 봄은 강렬하다. 꽃망울이 피어오르는 것을 보라. 얼마나 생명력이 숨트는 모습인가. 생의 호흡, 삶의 환희, 인생의 기쁨이다.

어느 대중 가수의 노래 제목인 "사랑의 기쁨은 너무나 짧고"처럼. 봄의 사랑은 너무 짧다. 그 사랑과 기쁨의 시간들 말이다. 팝송 'Evergreen'에서도 사랑은 봄에 피어난다고 한다. 여름에 사랑이 익어가고 겨울에 헤어진다고 그 팝송은 노래한다. 시인들은 가을보다 봄을 더 아름답게 묘사하는 것인가. 적어도 러시아 시인들은 러시아의 가을을 '황금의 가을'이라고 불렀다. 그들에게 가을은 황금이다. 이는 우리 정서와도 맞닿아있다. 가을은 수확이요, 황금의 계절이다. 가을은 어떤 국가에서는 황금이다. 한국의 가을도 황금이다.

(사진제공: 전용국님)

개인적 이야기를 조금 하고자 한다. 독자들은 이해해주기 바라는 마음이다. 개인적인 이야기이기 때문이다. 자신의 일에 장인이 된다면, 그 누구도 무시할 수 없을 것이다. 필자도 장인이 되고 싶었다. 41세에 박사학위를 위해 대한민국 교육부 국비유학생으로 '러시아 사회문화' 분야로 선발되어 모스크바국립대학교로 유학을 떠났다. 늦은 나이에 학위에 도전했다. 학문의 세계에 빨리 입문한 것은 아니었다. 치열하게 장인의 무대에 서고 싶었는지 모른다.

박사학위를 받고 난 20년 만에 전공서적에 관련, 개인 단독저서 8권을 출간했다. 최소 2권의 저서를 더 출간할 계획을 가지고 있으니 저서 10권 정도는 끝낼 수 있을 것이다. 인문학, 지역학 논문도 90여 편 학술지에 게재했다. 논문 대부분은 한국연구재단의 등재지(KCI)와 20여 편의 해외 저명 학술지(A&HCI:SCI급 저널)에 게재했다. 공신력 있는 기관에 대부분의 논문이 게재되었다. 어쩌면 아카데미 생활이 끝날 때까지 100편의 논문을 완성시킬 수도 있을 것이다. 특정 개인의 인문학 논문으로는 매우 높은 성과이다. 공동저서도 24권이 출간되었다. 2024년에는 사회과학, 인문학 전공자에게 1년 8-10명에게만 주는 한국연구재단 프로젝트인 '우수학자지원사업'에도 선정되어 러시아 · 유라시아학계에서 연구자로서의 결실을 얻었다.

자랑하기 위해 이렇게 숫자를 나열하는 것은 아니다. 나름대로 최선을 다해 학문적 성과를 거두었다는 사실을 전하고 싶었다. 그런데 나 자신을 알고 있었다. 학문적으로 뛰어난 사람이 아니라는 것을. 대학 교수로서 적어도 동료들에게 부족한 연구자가 되지 않기 위해 부단히 노력했다. 그것은 성실성이었을 것이다. 학교 연구실에서, 집의 책상에서, 집 근처 카페에서 '카공'족으로 연구 생활에 집중했던 것 같다. 장녀가 운동선수였기 때문에 경제적인 지원을 하느라 매우 힘든 시간을 보냈다. 딸은 모스크바에서 리듬체조 유학을 초등 5년부터 중등 2년 기간인 2014-2017년 까지 3년 6개월간 했다. 나를 제외한 아내, 장녀, 둘째 딸이 모스크바에서 거주했다. 가족끼리 떨어져 기러기 생활을 했다.

중간 중간에 어떤 좌절감도 많이 가졌다. 그러나 인생이라는 것이 멈출 수는 없었다. 끝없는 노력, 그것이 동반되어야했다. 바보같이 취미도 없었다. 유일한 취미는 2005년 이후 주말 영국 축구 프리미어리그에 맨체스터유나이티드 박지성 선수의 경기를 보는 일이었다. 박지성 선수가 은퇴한 이후에는 감사하게도 2015년 이후 토트넘의 손흥민 선수의 축구 경기를 보는 것이 유일한 취미였다. 장녀가 운동선수라 가족끼리 제대로 놀러가지도 못했다. 재미없는 생활을 했다.

　　노랑, 그 영원할 것만 같은 색감이다. 어느덧, 색상, 색채에 마음이 끌렸다. 학문의 세계에서 장인의 그룹에 참여하기 위해 노력했다. 늦은 나이에 학문의 세계로 뛰어들어서 더 많은 노력이 필요했는지도 모른다. 학문 영역에서 성공했는지, 그렇지 아니한지는 판단할 수 없다. 위대한 시인들, 문학가들, 예술인들, 삶의 창조자들이 무수히 많기 때문이다. 필자는 도저히 그런 반열에 들어갈 수가 없다. 그래서 스스로를 학자로 부르지 않는 이유이다. 그들은 모두 위대한 창조적 능력을 발휘한 분들이다. 장기간 하나의 직장에서 노동을 하면서 장인처럼 살았던 분들이 있다. 존경의 마음을 보낸다. 훌륭한 그분들을 필적할 수 없다.

필자에게도 과연 힘든 시간이 없었겠는가. 그러나 나보다도 더 고통의 과정을 거쳐 간 분들이 많기 때문에 자신에 대해 말하는 것도 부끄럽다. 누구가가 물어본다면, 지나간 날을 후회하지 않는다는 답변을 할 수 있을 것 같다. 그러나 자신에게 말해주고 싶다. 괜찮다. 괜찮아. 둘레길에서 나 자신에게 말했다. 잘해왔다고.

다른 사람들처럼 나무를 좋아한다. 필자가 유학한 모스크바 근교에는 무수한 자작나무를 볼 수 있다. 자작나무의 황금의 계절, 가을이었다. 차를 타고 근교 방향으로 나가면 길의 양쪽에 우뚝 솟아있는 자작나무 모습이 눈에 선하다. 자작나무숲이다. 모스크바 근교는 아름다운 정경을 지니고 있다. 인제 자작나무숲과는 비교되지 않을 정도로 크고 높고 장대하다. 자작나무는 모스크바 근교뿐만 아니라 모스크바 시내의 숲에도 울창하다. 러시아의 자작나무는 매우 특별하다. 무엇이라고 설명이 어렵다. 그 정도이다. 추운 겨울날, 몸속으로 스며드는 온기(溫氣)의 따뜻함처럼.

　이 길을 따라가면 구리한강으로 접어 들것이다. 낯 설은 이름이다. 반포한강, 잠실한강은 자주 듣는다. 구리한강은 아무래도 낯설다. 해외여행 시 이방의 도시에 서서 어디로 떠나야할까, 어디로 가야할까? 길 앞에서 서성거리는 것처럼, 잠간 '구리 한강' 팻말을 바라보았다. 구리한강시민공원을 거쳐 구리한강을 걸어갈 것이다.

　러시아인은 '모스크바 근교의 밤(Подмосковные вечера)'을 매우 사랑한다. '백학'과 더불어 러시아인의 애호 노래이다. 서울 시내를 걷다보면, 그런 맥주 집을 볼 수 있다. 상호가 "세계의 모든 맥주"이다. 세계 맥주 전문점이다. 그 제목에 이끌려 술을 마시지 않는 필자도 그 이름에 이끌려 들어가 본 적이 있다. 특정 세계 문화의 상징을 만나면, 강력한 매력에 이끌리기 때문이다. 우리는 세계의 모든 맥주 맛을 다 맛보지 못할 지도 모른다. 모든 골목과 모서리에 다 갈 수 없는 것처럼.

걷다가 길거리 이정표를 사진으로 찍었다. 코스모스길, 그 이름이 예쁘다. 놀랍게도 매우 특이한 이름이 있었다. 토막나루길이다. 토막나루는 들어본 적이 없다. '토막'단어는 들어보았다. 기분 나쁜 단어이지만, '토막 살인사건' 이런 단어로 사용되기도 한다. 토막나루는 들어보지 않았다. 나룻배를 토막배로 간다는 의미는 아닐 것이다. 독특한 길 이름이다. 토막나루길이라는 이름을 명명한 이유가 있을 것이다. AI에 물어보니 토막의 의미는 작은 나무 덩어리, 즉 일반적으로 우리가 알고 있는 그런 토막이다.

코스모스길은 어떤가. 마치 가을의 아름다운 시절에 걷는 길처럼, 어린 시절, 코스모스 길을 걸어가던 아름다운 추억이 연상된다. 코스모스가 피어있는 길을 끝없이 걸어가고 싶은 마음이 필자에게만 있었을까. 누구에게나 그런 추억이 있을 것 같다. 좋아하던 사람과 같이 걷던 길은 어디든 존재한다. 청소년기, 혹은 청년기도 그렇지만, 애틋한 기억의 장소를 이제 알 도리가 없다. 시간은 야속하게도 흘러갔다. 그래도 오늘 지난 삶의 아름다움을 반추하면서 미래의 아름다움을 추구한다. 나의 최고의 때는 오지 않았다는 마음가짐으로 한 번도 밟지 않은 이 길을 걸어갔다.

길이 마치 평원처럼 넓게 펼쳐져 있다. 이러한 오솔길을 좋아한다. 누구나 좋아할 것이다. 마음이 안온해지고 따뜻해진다. 이런 길에서는 조난당하지 않는다. 혼자도 아니다. 그야말로 '세이프 존(safe zone)'이다. 머물 수 있는 곳, 익숙한 공간처럼, 안정감을 준다. 오솔길만 길이 아닐 것이다. 여러 길이 우리 앞에 놓여있다. 수변 길, 숲길, 해변 길이다. 해파랑 길, 남파랑 길이 있다. 인생에는 험한 길도 있을 것이다.

이 길을 따라가면 한강이 나온다. 길 끝에는 무언가 인생의 완성, 혹은 무슨 반전의 기적이 기다리는 것은 아닐까. 평탄한 길이다. 나는 전혀 가을을 보내고 싶지 않았다. 사람들이 자주 하는 말처럼, 가을을 보낼 마음의 준비가 되지 않았다. 이 가을이 지나면, 1년을 기다려야 하는 것인가. 마음속에 영원한 가을이 있다면, 1년을 굳이 기다리지 않아도 될 터이다.

　영원하다는 것은 거창해보이지만, 매우 인간적인 표현이다. 누군가는 그 말을 가장 좋아할 것이다. "사랑은 영원하다." 필자도 당연히 좋아한다. 그런데, 나의 사랑은 얼마나 허위인가 하고 생각해보면, 저렇게 말할 자격이 있는 사람인지 되돌아본다. 부끄럽다는 자의식이 나를 감싼다. 앞으로 더 노력하고 노력해야한다. 가족을 향한 사랑이 영원해야하는 것이 아닌가. 장자호수공원을 지나 구리 한강을 앞에 두고 있다. 나는 이 공간에서 사랑에 대해 생각했다. 사랑은 최고의 존중으로 고양되어야한다.

　본격적으로 한강 길에 들어섰다. 기온이 내려가면 겨울이 온다. 그럴 때면 구리한강을 걷는 사람도 줄어들 것이다. 봄에 구리한강으로 벚꽃 구경을 오는 사람도 많았을 것이다. 5월에는 유채꽃 축제가 이 근처에서 열린다. 봄에는 구리한강변에도 꽃 축제가 개최된다. 세계의 도처에는 그 어떤 축제가 늘 열리게 되어 있다. 이러한 축제에 몇 번이나 가보았을까. 이 지상에는 얼마나 많은 축제가 있는지 모른다. 특히 카니발 행사는 기독교 문화권에서 매우 유명하다.

　가을, 낙엽이 수북하게 쌓여있었다. 가을아 가지마라 라고 외치고 싶었다. 폭염의 여름에 가을을 기다렸다. 이제 겨울이 가을을 밀어내는 듯하였다. 길을 걷지 못하고 나는 길을 응시하고 있었다. 숲길은 아니더라도, 숲길 이상의 인공적 미가 도사리고 있는 이 한강 수변 지점을 바라본다. 자연을 바라볼 때에 지녀야 하는 시선이 무엇일까? 장인처럼 일하고, 생각하고, 완성하는 그 어떤 태도이다.

구리한강시민공원

　프라하의 블타바 강, 헝가리의 도나우 강에 비해 한강이 더 아름답다고 느낄 때가 많았다. 사람마다 생각은 다르다. 최근 해외여행을 떠나는 사람들이 급증했다. 얼마나 다양한 관광 자원이 많은 것인가? 한없이 아름다운 정경이 해외에 다채롭게 있을 것이다. 프라하의 야경은 아름답다. 그것은 인정한다. 블타바 강 야경도 체코의 자랑 목록이다. 그래도 나는 한강이 동아시아의 가장 중요한 강이라고 믿는다.

　한강은 특별하다. 한국을 '한강의 기적'이라고 부른다. 우리를 격려해야 하는 이유다. 우리를 사랑해야 하는 역사적 요소이다. 산업화 시대, IT 시대의 위대했던 선배들과 후배들이 한국 사회를 이끌었고, 지금도 이끌고 있다. 청장년들에게는 정말로 그렇게 말하고 싶다. "정말로 고맙데이." 다이내믹 한국을 만들어주어서. 그대들이 지금의 한국을 위대하게 만들고 있다고.

이 길을 계속 걸었다. 2024년 가을에서 겨울로 접어들던 이때 중3 딸이 어느 고등학교에 진학해야할까 그런 걱정도 하지 않았다. 나의 가장 큰 고민거리였는데도 말이다. 둘째 딸은 2025년 경기도의 어느 외고에 진학했다. 필자의 거주지는 경기도이다. 경기도민이다. 비가 내리는 길을 걸으면 어떤 추억에 젖는다. 한강에 비가 내리고 있었다. 한강을 바라보니 불현듯 청소년기가 생각이 났다. 고등학교를 대구에서 보냈다. 3학년 시절 가을에 스산한 바람이 자주 불었다. 내가 짝사랑하던 대구 원화여고 3학년 여학생이 있었다. 그 여학생은 동대구역에서 멀지 않은 대구 상공회의소 근처의 아파트인 '신라맨션'에서 결혼한 언니 집에 살았다. 어느 가을, 하얀 잠바를 입고 있던 그 여학생을 그 근처 거리에서 보았다. 하얀 잠바가 오랫동안 내 기억에서 사라지지 않았다. 나는 대구의 비오는 거리를 열광적으로 사랑했다. 비가 감성을 촉발했던 것인가. 애틋한 그 시절은 바람처럼 지나갔다.

지금 이 구리한강변 앞에 서있다. 삶은 추억을 먹는다. 붙잡을 수 없는 것이 있다. 아직 사라지지 않는 10대의 감성은 왜 그런지 간직하고 싶다. 순수의 시대였기 때문이다. 이제 순수함을 잃어버리고, 총명했던 눈망울도 사라지고, 둔탁한 움직임을 보이더라도, 영원성으로 간직하고 싶은 삶의 원형이 있다. 그 실체가 무엇인지 정확히 알 수 없다. 무언가 상실하고 싶지 않는 삶의 비밀, 자그마한 행복이라도 건지고 싶은 열망이 강하게 솟아올랐다.

한강변에서의 걸음은 멈추고 소위 '마을 길'로 들어서고자 방향을 틀었다. 마을 길에 들어서기 전 억새와 갈대가 피어있는 곳을 지났다. 이곳에도 머물고 싶다. 가을이 지나고 있었기 때문에 그러했을 것이다. 나에게 만추는 오지 않았지만, 누군가 생각나거나, 그리운 감정이 떠오르거나, 무언가 울컥거리는 감정이 있었다. 그냥 지나칠 수 없는 감정의 공간, 상실된 추억, 그대로 멈추고 싶은 시간이었다. 인생을 가볍게 생각해서는 안 된다고 말하는 사람들이 있다. 필자도 마찬가지이다. 누군가 간절하게 부르는 소리, 애타게 불러주는 삶의 변주곡, 따뜻하게 다정다감하게 불러주는 인생의 노래를 무시하고 지나쳐버리고 싶지 않았다.

누구를 떠올리고 있었을까. 사랑하는 딸들을 생각했을까. 억새와 갈대에서 어떤 행복을 떠올리고 싶었을까. 누군가 나를 기억해주기를 바랬을까. 바람처럼, 비처럼, 무슨 수채화의 그림처럼, 남기고 싶은 그 무엇이 있었을까. 오늘의 길에 온기가 배어있다. 나의 이름을 부드럽게 불러주는 가족의 소리를 듣고 있다. 아름다운 가족의 따뜻함을 보듬고 싶다.

갑자기 눈앞에 빨간 단풍이 등장했다. 그런 기분을 강력하게 느꼈다. 가을을 종결짓지 않겠다는 강렬한 심정 같은 것. 나의 최고의 순간이 아직 오지 않았다는 강력한 의지처럼, 내 생이 아직 종착지에 다다르지 않았다는 감사의 심정을, 아직 하고 싶고 남기고 싶은 것이 있다는 엄청난 생의 의지를 불태우는 마음이었다.

에필로그

　마을길로 들어섰다. 제주 올레길의 특징은 '숲길' '해변길', 그리고 '마을길', 3가지로 크게 나누어져 있다. 몇 년 전 제주 올레길 1-5 코스까지 걸었다. 어떻게든지 제주 올레길은 완주하는 것이 나의 버킷 리스트이다. 숲길, 해변길도 좋았지만, '마을길'이 마음에 와 닿았다. 마을은 어떤 의미일까? 삶의 이야기가 있는 곳, 삶의 서사가 존재하는 공간이다. 엄청나게 많은 삶의 용광로가 있는 곳이 마을이다.

　빌라가 보였다. 도농역에서 멀지 않은 이곳도 올레길 마을처럼, 돌담처럼, 수도 없이 많은 사람들의 생활의 이야기가 존재한다. 사람들이 살아가는 삶의 모습이 천차만별이지만, 누구에게나 간직하고 싶은 이야기, 하고 싶은 이야기가 있다. 그런데 우리는 그 모든 이야기들을 다 할 수 없다. 나도 누군가와 끝없이 어떤 이야기를 하고 싶지만, 그럴 사람도 잘 없다.

　비가 중간 중간 내렸다. 겨울이 오는 날의 전조일까? 그럴지도 모르겠다. 비가 와서 센티해진 것은 아니었다. 이 가을을 온전히 보존하고, 내 마음에 담그고, 도저히 떠나보내고 싶지 않은 의지와 결기가 생긴 것 같다. 누군가 그렇게 말할지도 모른다. 걸을 때는 모든 생각을 비우면서 아무 생각 없이 그냥 걷는 것이 좋지 않을까요? 아마 그럴 것이다. 그것이 정답이다. 그렇지만 어떻게 하나의 답만 있을까? 누구에게나 개성이 있다. 그 개성을 존중하고 싶다. 특정 개인 삶의 이야기가 있듯이, 저마다의 철학이 있고, 고유한 삶의 형태가 있다.

  길은 어디까지 연결될까? 누가 무슨 소리를 해도 상관없다. 나의 길을 걸어가면 되는 것이다. 그런대로 잘해왔다고 말해주자. 개인적으로 가장 아름다운 추억으로 남아있는 때는 1970년대였다. 70년대를 영원히 잊을 수 없다. 초등학교, 중학교, 고등학교 일부 시간대가 겹쳤던 기간이다. 다시 말한다. 순수의 시대였다. 필자가 영화 '순수의 시대'를 아주 좋아했던 이유이기도 했다. 그 마음은 영원히 나와 함께할 것이다. 그런 마음이 강하게 일어났다. 대구의 비오는 거리를 걷던 고교 시절이 1970-80년대였다. 보통 사람들처럼 치열하게 나도 살아왔다. 인생이 지금까지 왔듯이, 앞으로도 그렇게 갈 것이다.

6. 겨울의 청풍호반.
   "노스탤지어를 기억하다"

12월 중순, 월악산 제비봉을 등산하고 이후 청풍호반에 들렀다.

월악산 제비봉은 충북 단양군 단양읍에서 서쪽인 충주호 방면에 위치하는 산이다. 높이 721m. 단양팔경 중 수상관광지로 유명한 구담봉, 옥순봉에서 동남쪽으로 보이는 바위산이다. 제비봉으로 등산하는데 나무 데크가 많이 있었다. 조용히 올라갔다. 침묵의 수련처럼, 조용함의 미학처럼, 혹은 묵언의 깨달음으로.

대한민국에는 아름다운 호수가 참으로 많이 있다. 많은 호수에 가지 못했다. 일산 호수공원, 마장호수공원, 장자호수공원, 산정호수, 청풍호반 등에 가보았다. 그나마 작고 소소한 호수공원에는 가보았다.

산정 중간에 만나는 이정표는 반갑다. 올바른 길을 걷고 있다는 안도감의 상징 표식이다. 정확한 위치를 모르는 순간에는 이정표를 보면 기쁨이 솟아오른다. 예를 들면, 등불, 등대는 우리가 사랑한 단어이다. 청소년 시기 방학 때 바닷가에 가는 일은 꿈같았다. 바닷가를 거닐기도 하고 해수욕장 등 해변에서 시간을 보낸다. 바닷가에는 늘 작은

월악산 제비봉

등대가 있다. 그 등대에 가서 사진을 찍는다. 등불, 등대는 추억의 단어였다.

　이정표를 보면, 즉각 하나의 방향을 선택해야한다. 얼음골로 갈려면 다른 방향이다. 제비봉으로 가기 때문에 가지 않는 얼음골이 궁금해졌다. 얼음이 있는 골짜기인가. 얼음골 표현이 좋다. 시인 R. 프로스트의 '가지 않은 길' 시가 있다. 이 상황에 맞는지 모르겠다. 하나의 길은 포기해야한다. 다른 길로 가고 싶은 유혹도 많지만, 선택해야한다. 모든 길을 다 갈수는 없다. 세상을 살면 늘 선택에 직면한다.

(사진제공: 백우종님)

혁명가들은 일반적이지 않는 반대 방향으로 역회전하는 경향이 있다. 혁명을 꿈꾸는 이들은 늘 다른 선택을 한다. 현대에 가장 혁명적인 인물은 아마 고인이 된 '스티브 잡스'가 아니었을까. 아니면 '빌 게이츠'와 같은 분. 그들은 정상적으로 대학을 마치지 않았다. 대학교 중퇴이다. 빌 게이츠는 '마이크로소프트'라는 혁명적 프로그램을, 스티브 잡스는 아이폰, 아이패드 등을 만들어 혁명적인 디지털 세계를 세상에 선보였다. 혁명, 혹은 변혁의 기질이 없었다면, 이런 세계는 열리지 않았을 것이다.

안정적 길을 가는 이도 있지만, 남들이 상상하지 않은 신세계를 꿈꾸는 이들이 있다. 조선 시대 정도전은 새로운 통치 세계를 꿈꾸었다. 어떤 세대에도 그런 혁명가가 있다. 그러나 혁명가는 불행한 인생으로 끝나는 경우도 많다. 자신의 꿈을 펼치지 못하고 죽음으로 끝나는 일들이 비일비재하다. 그런 만큼, 혁명의 길은 어렵다. 자신이 구상한 혁명적 세계를 만들지 못하고 스러져간 이들도 수도 없이 많을 것이다. 그렇지만, 이 세상에 태어났다면, 그러한 꿈을 가져보아야 한다. 모든 이의 삶을 응원하고 축복하고 싶다. 나름대로 얼마나 힘든 고뇌의 불면의 밤을 보내어야했을까.

　눈이 소복이 쌓여있는 길을 올라갔다. 남들이 밟지 않은 산정(山頂)에서 白의 눈을 만나고 싶었다. 제비봉의 나무가 아름답다. 눈이 내린 길을 올라가자니 필자의 전공인 러시아에 대해 생각하는 시간을 가졌다. 2022년 러시아는 우크라이나를 침공했다. 러시아는 전쟁이 아니라 '특별 군사 작전'이라고 강조했다. 소련 해체 이후 미국은 러시아를 지역 강대국에 불과하다고 말했다. 그런데 러시아는 그렇게 만만한 국가는 아니다. 지금 러시아는 유럽 국가들로부터 엄청난 비난을 받고 있지만, 이를 무시하고 우크라이나와 전쟁을 지속하고 있다. 종전은 언제인지, 언제 이곳에 평화가 찾아올지 모르지만, 마음 모아 전쟁이 그치고 평화가 오기를 간절히 기도드리는 심정이다.

　눈 위에서 생명을 이어가는 듯한 낙엽이다. 사진 포착도 나름대로 의미가 있어 보인다. 이 낙엽은 홀로 생명을 유지하고자 애를 쓴다. 가엾게 보인다. 그러나 이 상태에서도 생명이 느껴진다. 그 기원이 어디에서 오는 지는 잘 모르겠다. 하늘에서, 혹은 스스로의 의지에서 오든, 존재하고자 애쓰는 몸부림이다. 이 가냘픈 낙엽에서 사랑과 동정이, 아름다운 고통이, 의지의 행동이 엿보여서 그렇다. 사람의 인생을 닮아있다.

　우리가 존경하는 '무소유'의 법정 스님도 포기하기가 어려웠던 것이 있다고 한다. 그것은 바로 스님의 공간, 즉 혼자 기거하고 있는 작은 방이었다. 정말로 스님께서 그러한 마음이었는지는 잘 모른다. 서울의 길상사에 가면 그 분의 작은 방이 있다. 모든 것을 버리고 무소유가 될 수 있지만, 그 작은 방의 공간은 자유의 공간이고, 생명의 공간이다. 그 분이 지키고자하는 땅이 아닐까? 그것은 소유와는 다른 의미의 결이 아닐까? 무소유의 삶이었지만, 그 분은 그만큼, 사람의 자유의 경계가 중요하다는 것을 강조했던 것일 터. 나의 작은 생각이다.

　제비봉에 올랐다. 충주호에서 바라보는 바위능선이 부채살처럼 보이는데 마치 제비처럼 날아가는 모습이라 제비봉이라 명명했다. 내가 제비를 본 것이 언제 적이었는가 하는 생각도 들었다. 어릴 때에는 나의 집 처마에도 제비가 집을 만들고 살았던 것 같은데. 이제는 제비가 더 이상 오지 않는 것인가. 수도 없이 많은 산의 봉우리가 있다. 제비에 얽힌 여러 독특한 말이 많아서 그런지 몰라도, 제비봉은 재미있는 이름에 속하는 것 같다. 그 많은 봉우리 이름 중에 잘 잊혀 지지 않을 것 같다. 북한산에 무수한 봉우리가 있다. 한국의 모든 봉우리는 산보다도 훨씬 더 많을 것이다. 집 근처 작은 산에는 봉우리가 없을 수도 있다. 봉우리의 명칭마다 각각의 사연이 다 있는 듯하다. 제비봉의 명칭도 어떤 의미가 있어서 붙였다.

사람의 살아가는 이야기도 천차만별이다. 행복한 이야기도 있고 불행한 이야기가 있다. 톨스토이의 유명한 소설인 '안나 카레니나'의 첫 문장은 이렇게 시작된다. "행복한 가정은 모두 엇비슷하고, 불행한 가정은 불행한 이유가 제각기 다르다." 즉 불행의 이유는 각각 다 다르다는 뜻이다. 동감이 간다. 인간 세상사는 고통과 불행이 당연히 존재한다. 그런데 불행의 원인은 모든 가정, 모든 부부가 다 다를 수밖에 없을 것 같다. 어떤 불행한 이야기를 들으면 마음이 저밀 정도로 안타까움이 있다. 세상의 불행한 이야기를 나열한다면, 그 줄이 엄청나게 길 것이다. 그렇듯 삶의 무게는 모든 이에게 다 주어져 있다.

나의 핏줄이고 혈육인 작은 형님도 삶이 힘들어 고통을 받았다. 가족을 위해 살았는데도 지금은 많이 아프다. 요양병원에서 힘겨운 싸움을 벌이고 있다. 형님을 생각하면 가슴이 아프다. 이 지면을 빌려 말씀드리고 싶다. "형님. 꼭 일어나세요. 힘내세요. 그리고 지켜드리지 못해서 죄송합니다."

청풍호반 (사진제공: 백우종님)

Ⅰ. "하루를 보석처럼 살자" : 한강변 및 호수공원 둘레길을 걷다

스위스만 아름다운 호반의 국가가 아니다. 대한민국의 호반은 정겹고 고향 같은 푸근함이 있다. 제비봉 정상에서 청풍호반을 바라보았다. 아름답다. 필자는 등산 초보자이다. 산악에 관련 명언이 있다. "산이 거기 있기에 오른다." 조지 말러리의 말이다. 정상에 서니 청결하고 깨끗한 호수를 바라 볼 수 있다. 평생 알고 있는 호수가 무엇이 있을까? 러시아 시베리아 이르쿠츠크의 바이칼호수, 스위스의 레만 호수 정도는 알고 있다. 강과 호수가 많다는 것이 러시아 인문 지리 특성이다. 주로 시베리아에 강과 호수가 유독 많다.

러시아의 저항 작가 솔제니친이 그의 자서전에서 말한 호수가 불현 듯 기억난다. 현재 그의 자서전이 절판이라 구입하기가 쉽지 않다. 예전에 가지고 있었는데, 아마도 분실한 것 같다. '세그젠호수'이다. 그 호수에서 호흡하는 공기는 너무나 맑고 깨끗해 여인의 감미로운 입술도 이에 비교할 수 없다고 했다. 나의 재직 대학교에는 그 책이 없는 것 같다. 다른 학교 도서관에서라도 찾아서 솔제니친의 자서전을 새로이 읽고 싶다. 그 호수가 기억에 뚜렷이 남아있다. 호수와 여인을 비교, 언급한 내용이 독특해서 오랜 시간 기억에 남아있을지 모른다.

춘천 소양호반처럼 저 넘어 살포시 다가온 청풍호반, 충주호가 위엄 있게 그 자태를 자랑하는 듯하다. 어느 시인의 시처럼 눈이 시리도록 아름답다. 이 호수는 조국의 호수, 영혼의 호수, 낭만의 호수이다. 필자는 거의 60세가 되어서야 많은 둘레길이 있고, 트래킹을 하는 많은 사람이 있다는 사실을 조금씩 인식하기 시작했다. 매력적인 트래킹 길이 많다는 사실도 잘 몰랐다. 사회생활에 바빠 제대로 길을 많이 걷지도 못했다. 정보 부재의 삶을 살았다.

나는 융통성도 참 없는 남자이다. 누군가가 그렇게 말했다. 학자는 융통성이 있으면 안 된다고. 그냥 한 길만 꾸준히 걷는 이가 학자의 자세라는 것이다. 연구자, 학자의 정체성을 가지고 살다보니 주위를 잘 살펴보지 못하고 오로지 외길을 걸었던 것 같다. 둘레길이 무엇인지도 모르고 살아갔다. 건강에 문제가 발생하기 시작했다. 건강을 위해 걷는 것이 좋다는 말을 많이 들었다. 이제 제비봉도 오르고 청풍호수에도 갈 수 있는 마음이 생겼다.

(사진제공: 백우종님)

이곳을 내려가면 청풍호를 만날 수 있다.

청풍호 출렁다리

제비봉으로 올라간 등정 길에서 이제는 반대쪽으로 하산하면 청풍호반이 있고, 근처에 출렁다리가 있었다. 출렁다리를 건너본다. 12월 중순의 겨울이다. 호호 손을 불기도 했지만, 그렇게 춥지는 않았다. 소양강 호수에는 가보았지만, 청풍호에는 처음 와보았다. 출렁다리는 필자도 인생 처음 경험하는 것이 아닐까 한다. 둘레길을 걸으면서 최초로 가본 호수가 청풍호인 것 같다.

겨울에는 어떤 명소로 간다면, 겨울의 자태와 분위기를 느낄 수 있을까? 대관령 목장과 태백산 눈꽃 산행 길이 있다. 겨울은 크리스털처럼 백색의 청결하고 깨끗한 분위기를 자아낸다. 2-3개월이 지나면 깨끗한 느낌의 겨울은 봄에 그 자리를 남기고 역사 속으로 가버린다. 겨울에 봄을 기다리는 마음의 그리움은 독특하다. 3월, 봄이 오는 그 시간은 화려한 채색 옷 같다. 이제는 4-5월이 되어야 그러한 느낌을 더 강렬히 가진다. 겨울에 사람들은 무엇을 상상할까? 아마 봄의 다양한 채색으로 채워질 꽃을 기다리고 있을지도 모른다.

에필로그

저녁이 오지 않았는데, 호수는 어두웠다. 더 늦기 전 이곳에 잘 왔구나 하는 행복한 마음이 솟아졌다. 왜 호수도 제대로 가보지 않았는지, 이 광대해 보이는 호수에 오지 않아서 마음 가득히 미안했다고 말하고 싶을 정도였다. 무엇 때문에? 삶이 바빠서? 그 어떤 소중한 것에 나의 시간을 보낸 것인가? 유홍준의 '나의 문화유산 답습기'는 500만 부가 팔렸다고 한다. 그분은 훌륭한 시각으로 한국 문화의 아름다움을 발굴하고 그 가치에 대해 명문으로 책을 남겼다. 아무나 할 수 없는 일이다. 생각해보니 나는 그 가까이에 갈 수 없는 것 같다. 필자는 한국의 자연 유산과 환경을 제대로 알지 못했다. 그러면 지금부터라도 한국의 산하를 많이 찾고 탐색해야겠다는 다짐을 해본다. 글로도 남기면 어떨까 하는 심정이다.

저녁이 찾아와도 호수는 아름답다. 5월, 계절의 여왕에 온다면, 얼마나 보기 좋을까. 조국의 강, 조국의 산하, 조국의 호수, 조국의 산에 가끔 왔어야하지 않은가. 자연 그대로 즐기고 돌아가면 되는데, 버릇처럼 인생 관조를 해본다. 엄청나게 뭐든지 잘 한 것도 없다. 처절한 실패를 맛본 것도 있다. 돌이킬 수 없는 일도 있다. 인생에 미숙했다. 타인을 좀 더 배려하고 자상한 마음을 가졌어야 했다. 성공보다도 실패가 더 많았던 것 같아 호수 앞에서 마음이 무거웠다.

매우 늦은 나이에 알게 된 조국의 땅이다. 호수도 그렇다. 둘레길, 산이 우리 앞에 있다. 아름다운 호수 청풍호를 본다. 한국에는 호수와 숲이 많다. 울릉도, 제주도, 거문도 등 명소도 많고 방문할 곳도 많다. 10월의 남해를 가본 적이 있는데, 금빛을 머금은 푸른 바다가 눈부셨다. 청풍호반, 충주호의 끝닿은 곳에 무엇이 있을까?

호수를 바라본 많은 이의 이야기가 어려 있을 것이다. '노스텔지어(Nostalgia)'를 간직한 각자의 추억이다. 문학적으로 말한다면, 어떤 신비스러운 서사가 있을 것이다. 누구에게도 말하지 못한 이야기도 있을 터. 삶의 비밀, 아픔, 고통, 갈등, 행복, 사랑의 이야기가 있지 않을까. 저 청풍호는 사람의 모든 마음을 빨아들일 것 같다. 나의 삶의 부족함을 저 청풍호가 수용해줄 수 있을까.

그런들 어떠하랴. 다시 시작이라면 시작이라고 생각하고 살아가자. 서정주 시인의 시처럼, "이제는 돌아와 내 누님같이 생긴 꽃이여." 스스로 위안해본다. 조금이라도 한 것이 있다면, 사회의 책무와 의무를 다하면서 살아가지 않았던가. 그래도 잘해보기 위해 몸부림 치고 그렇게라도 하지 않았나. 그러니 조금은 마음 편하게 이 호수를 즐기면서 바라보렴.

II.
"괜찮아. 지금까지 잘했어":
명소를 걸으며 나를 위로했다

7. 봄의 인천근대문화거리에서,
"평민처럼 소확행을 누리자"

    4월 중순의 태양이 눈부셨다. 영국 시인 T. S. 엘리엇은 시 '황무지'에서 4월을 잔인한 달이라고 했다. 황무지에서 장미가 피는 것을 보았기 때문일까. 아직 장미는 강력히 피지 않았다. 바위 위에서 피어난 듯한 개나리와 늦게 핀 벚꽃이 여전히 위용을 떨치고 있었다. 4월 둘째 주말에 인천 개항거리, 근대문화거리에 왔다. '근대'라는 말을 좋아한 적이 있었다. '모더니즘(modernism)' 등 문학적 의미를 지니고 있기 때문이다. 근대문화거리는 개항의 거리였다. 19세기 후반 일본, 중국, 미국, 독일 등 제국주의가 물밀 듯이 밀려왔고 근대 문화가 탄생하였다. 외국 세력이 들어왔을 때 개항 역할을 맡은 도시가 인천이었다.

    인천시는 근대화 시이다. 인천역에 내리니 '한국철도 탄생역'이라는 조형물이 역 바로 앞에 있었다. 한국 최초의 철도인 경인선을 의미한다. 경인선은 인천에서 노량진까지 1차 완공되었다. 일본이 부설권을 가지고 건설했다. 문재인 정부 시기 청와대 직속 북방위원회에서 필자에게 연구 책임을 의뢰하고 수의계약을 체결했다. 구한말 대한민국 철도와 관련된 프로젝트였다. 그래서 경인선, 경의선 등 한반도 철도에 관련된 공부를 한 바 있다. 그래서 이런 조형물을 보면 낯설지가 않다.

차이나 타운

역 맞은편이 '차이나타운' 거리이다. 근대문화거리에 왔기 때문에 차이나타운을 볼 수 있었다. 전 세계에 차이나타운이 없는 곳은 거의 없을 듯하다. 차이나타운의 규모는 크지 않았다. 대부분 중국식 음식점, 상점이 밀집해 있다. 중국은 세계 2대 강국으로 부상했다. 미국과 더불어 G2이다. 러시아와 거의 준 동맹 수준의 밀접한 관계이다. 미국의 일극체제를 무너뜨리기 위해 양국은 '다극체제'를 내세웠다. 중국이 몰려오고 있다. 소위 '일대일로(一帶一路: One Road, One Belt)' 정책을 추진한다. 중국 주도의 세계 경제 협력 프로젝트이다. 중앙아시아-유럽을 연결하는 육상 실크로드(일대)와 동남아시아-유럽, 아프리카를 이어주는 해상 실크로드(일로)를 의미한다. 일대일로 정책은 학술적으로 매우 중요한 이슈이다.

차이나타운을 지나 송월동 동화마을에 들어섰다. 혹시 송월타올 공장이 예전에 이 근처에 있었던 것은 아닐까? 갑자기 송월타올이 기억났다. 동화마을을 지나 그 유명한 자유공원으로 향했다. 맥아더 장군의 동상으로 유명하다. 근처에 벚꽃이 많이 피어있었다. 하늘은 더 없이 높았다. 가을 하늘처럼, 깨끗한 색감의 파란 색깔로 채색된 하늘이다. 하늘을 따라 올라갈 것만 같은 나무를 쳐다보았다.

공원으로 가는 길에 플라타너스나무가 서있었다. 한국 최초의 플라타너스나무라고 한다. 아래로 내려가 설명문을 읽지 않았기 때문에 저 나무가 어떤 스토리를 가지고 있는지 알 수 없다. 무척 더운 여름날 플라타너스 나무 곁을 지나갔던 아련한 추억은 누구나 가지고 있을 것이다. 이 나무를 '소년의 나무'라고 불렀으면 좋겠다. 방황하던 청년 시기, 어디론가 홀로 떠났을 때, 버스를 타고 지나가던 어느 중소도시의 초입에 플라타너스 나무가 줄지어 서 있었다. 어지럽던 내 마음을 나무가 누그러뜨려주었다. 뜨거운 태양 아래 묵묵히 서있거나 황혼 무렵, 여름 저녁을 축하하기 위한 나무였다. 최초의 사건에는 서사가 있다. 근대문화거리 자체가 역사적 서사를 가지고 있다. 저 플라타너스 나무에 얽힌 자그마한 젊음의 추억을 반추하며 자유공원으로 향했다.

맥아더 장군의 동상 앞에 섰다. 국내에서도 이 분 평가가 다르기 때문에 무슨 말을 쓰기가 조심스럽다. 장군은 2차 세계 대전 많은 상륙작전을 지휘했다. 그는 상륙작전의 달인이요, 영웅이었다. 언젠가 그의 영화를 본 기억이 있다. 잊히지 않던 장면은 한국전쟁이 발발했을 때 집에 있던 그에게 전화 한통이 온다. 한국전쟁의 총사령관으로 부름을 받던 전화였다. 그는 독백한다. 이것이 그의 마지막 임무라고.

이 공원을 왜 자유공원이라고 할까? 인천상륙작전은 평범한 작전이 아니라 자유 상실과 남한이 점령당할 위기에 있던 전황을 순식간에 역전한 희대의 사건이었다. 자유는 어떤 의미일까? 자유는 공기이다. 자유는 호흡이다. 자유는 향유하는 삶의 공간이다. 자유는 영원이다. 자유는 인간의 가치이다. 시베리아 교도소에서 의문의 죽음을 당

자유공원

한 러시아 야권 정치 지도자인 알렉세이 나발니가 있다. 그는 2024년 2월 16일, 야말로네네츠 자치구의 하르프에 위치한 하르프 IK-3 교도소에서 19년 징역형을 복역하던 중 사망했다. 그는 푸틴에 정치적 저항을 하는 바람에 갇혔다.

필자의 '러시아 역사' 강의 PPT의 한 장면이다. 그의 죽음에는 푸틴이 관련되어 있다는 것이 정설이다. 나발니가 생전에 매우 강조한 말이 있다. 인간이 막다른 골목에 다다르면 마지막으로 가져야할 덕목은 무엇인가? '자유와 지성'이라고 했다. 자유는 인간의 권리이다. 맥아더의 인천 작전은 자유 수호의 사명이었다.

2016년 '한국슬라브·유라시아학회' 총무이사로 봉사하던 때, 체코의 프라하에서 국제학술회의를 개최했다. 나는 전체 책임을 맡았다. 대회가 끝나고 교수 몇 분과 독일 드레스덴에 갔다. 그곳에서 오전의 시간을 보내고 다른 한분의 교수와 함께 프라하로 돌아가지 않고 즉흥적으로 버스를 타고 베를린으로 갔다. 베를린에서 고작 몇 시간 머물 수밖에 없었다. 저녁에 다시 프라하로 돌아가야만 했다. 베를린에서 단 한 군데를 간다면 '브란덴부르그 문'에 가야한다고 해서 그곳에 들렀다. 러시아 대사관 근처에도 가보았다.

그 이후 2018년 여름에 체코에 10일 정도 있었다. 프라하 성에서 멀지 않았던 유럽 최초의 대학교이고 유서 깊은 까를 대학교 기숙사에 머물렀다. 그때 과제 프로젝트를 위해 같이 기숙사에 머물던 어느 교수와 같이 1박 2일로 베를린에 갔다. 베를린 장벽에도 갔고 베를린 대성당에도 갔다. 짧은 시간이었지만, 2년 전에 비해 베를린을 제대로 볼 수 있던 기회였다.

그곳에서 아주 귀한 분을 우연히 만났다. 2010년 노벨평화상 수상자인 중국의 양심수 '류사오보'가 2017년 병으로 사망한 이후 아내인 '류사'가 중국정부에 강력히 요청하고 서방의 지원으로 베를린으로 추방당했다. 그런데 그때 베를린 대성당 앞에서 류사를 우연히 보았다. 그녀는 어떤 남자의 지글링 퍼포먼스를 바라보면서 즐거워하고 있었다. 그녀 옆에는 나이가 많은 어떤 남자 분이 있었다. 중국인 같았다. 나는 류사를 TV와 신문 등을 통해 알고 있었는데, 만날 줄은 상상도 하지 못했다. 나는 그녀에게 다가가 인사했다. 혹시 류사가 맞느냐고 물어보았다. 그녀는 고개를 끄덕여 주었다.

필자는 한국에서 온 여행객이라고 말하고, 사진을 같이 찍고 싶다고 요청했다. 갑작스런 요청에도 그녀는 웃어주었다. 그러나 사진 찍는 것은 거절하고 서둘러 자리를 떠났다. 주위에 중국공안이 있을 수도 있는데, 사실 필자가 무리한 부탁을 했다. 미안한 감정이었다. 류사오보는 1989년 중국의 천안문 사태 이후 중국의 자유와 인권을 위해 투쟁한 반체제 지식인이었다. 그는 자유를 위해 투쟁했다. 그 아내는 자유를 찾아 유럽으로 갔다.

자유는 호흡이다. 자유가 없는 국가에서 자유는 특별한 가치이다. 간헐적으로 숨을 쉬어서는 자유가 쟁취될 수 없다. 역사는 자유를 얻기 위해 고군분투해왔다. 아직 인간의 완전한 자유는 이 땅에 구현되지 못한다. 그러나 에서 멈출 수 없다. 자유를 얻기 위해 류사오보는 중국 땅에서 오랫동안 갇혀 있었다. 그리고 병을 얻었다. 치료도 제대로 받지 못했다. 긴 인생을 살기는 힘에 부쳤을 것이다. 고통 속에서 삶은 평균 생존 나이보다 조기에 마감될 수 있다. 누구에게나 그럴 수 있다. 얼마나 많은 이들이 평균 수명을 살지 못하고 생을 마치는지 모른다. 그건 아우슈비츠 수용소와 같은 비극적이고 고통의 장소에서 더더욱 그렇다. 자유가 없는 극한의 공간 안에서 사람들은 죽어간다. 자유가 완벽히 상실되었다. 간혹 역사는 부정된다. 역사는 참혹하게 진행된 적이 많다. 역사는 잔인하다.

류사오보처럼 끝까지 자유를 쟁취하려다가 얻지 못한 경우가 있다. 그 영혼은 영원하고 고귀하다. 전 세계의 많은 이들이 류사오보를 기억한다. 나도 그렇다. 나의 경우는 류사를 조우했기 때문에 더더욱 류사오보를 오랫동안 기억할 것이다. 나를 바라보던 류사의 밝은 웃음을 영원히 잊을 수 없을 것 같다. 나발니에 대해 상세하게 이 지면에 쓸 수 없지만, 만약 나발니가 죽지 않았더라면 그는 류사오보를 이어 노벨평화상을 수상할 수도 있던 인물이었다. 필자는 그렇게 생각하고 있다. 나발니의 편안한 영면을 기원한다.

제물포구락부

공원에서 아래로 내려가니 '제물포구락부'에 도착했다. "인천 거주 외국인들의 사교클럽"이라고 적혀있었다. 무엇이라고? 1백 년 이상 예전의 사교클럽이라고? 매우 흥미진진했다. 사교클럽은 어땠을까? 평민이 보기에 이 외국인들은 '그들만의 리그'였다. 제물포구락부는 1901년에 건립되었다. 한국전쟁 이후 시립박물관으로 사용되다가 2020년에 제물포구락부라는 이름으로 재건되었다.

인생을 살면서 나와는 다른 레벨에 속하는 사람들을 만날 때가 있다. 상류사회가 그렇다. 나는 그들만의 리그, 혹은 상류사회에 살아본 적이 없다. 부러워할 일은 아니다. 그들만의 리그에서 그들이 무엇을 하든지, "그냥 내 삶을 살면 되지" 그런 태도이면 될 것이다. 보통사람처럼, 평민처럼, 소확행을 누리자. 그런 태도로 생을 영위하자. 자신의 인생의 길을 걷자. 영원함으로 나아가는 여정이다. 아무도 침범할 수 없는 고유한 영역이다. 나의 신화(神話), 나의 자유이다.

팟알

일본 근대 문화거리에 들어섰다. 일본식 가옥이 보였다. 필자는 2024년 봄에 교토를 다녀왔다. 일본 전통 가옥을 많이 보았다. 개항 시기 일본인을 위해 카스테라, 단팥죽, 팥빙수를 팔던 일본 가게가 있었다. 필자는 이전에 내부에 들어간 적이 있었다. 노동시인으로 알려진 최종천 시인과 이곳에서 차를 마셨다. 안타깝게도 최 시인께서는 2025년 7월 18일, 73세로 돌아가셨다. 우리는 음료수 주문을 하고 3층 다다미방으로 올라갔다. 커피든, 단팥죽이든 주문을 하지 않으면 입실이 허락되지 않는다. 당시 카스테라를 판매했다는 사실이 매우 특이했다.

필자가 이곳을 방문하기 전, 우연히 TV를 통해 이 가게 '팟알'을 소개하던 다큐멘터리 프로그램을 보았다. TV를 거의 안 보는데, 우연한 기회였다. 그때 TV에 나오셔서 인터뷰를 하시던 주인장인 여사장을 가게에서 뵙게 되었다. "제가 TV에서 사장님을 뵈었습니다."라고 말하니 아주 반가와 하셨다. 이런저런 이야기를 나누었다. 개항 때 인천역 근처에 일본 가옥들이 많았고, 많은 일본인들이 살고 있었다.

카스테라를 좋아한 어린 시절이 있었다. 단팥죽도 마찬가지이다. 고향인 구룡포에 매우 오래된 가게인 '철규식당'이 있었다. 단팥죽, 잔치국수, 찐빵 등을 팔았다. 중학교, 고등학교 때 맛있게 먹던 추억이 강렬하다. 대구로 유학을 떠난 고등학교 시기, 방학 때 고향에 내려오면 이 식당 방문은 의례적인 일이었다. 부모님이 돌아가셔서 거의 고향에 가지 않는다. 간혹 갈 때 꼭 그 집에 들른다. 찐빵을 단팥죽에 찍어 먹었다.

청일조계지

　청·일조계지 경계계단이 나왔다. 이 계단을 기점으로 오른쪽은 일본근대 문화거리, 왼쪽은 중국의 경계에 속한다. 1894년 청일전쟁 이전까지 양국은 세력 대결을 펼쳤다. 오른쪽에 일본, 왼쪽에 중국식 조형물이 있었다. 조형물은 전등 이미지이다. 전쟁은 일본의 승리로 끝나 이 곳도 큰 변화를 겪었을 것 같다. 조선 지배의 유리한 고지를 일본이 차지했다. 일본이 이 근대문화거리를 독점했을 것이다.

　쇄국정책의 종식 이후 조선은 외세를 인정하고 개항을 선택했다. 개항의 핵심 도시가 인천이었다. 인천은 자주 오는 도시가 아니었다. 유명하다고 하는 인천 시티투어버스를 타본 적도 없었다. 인천은 인천공항으로 유명하다. 역사의 시간은 지나갔고 침략 국가는 더 이상 없다. 국제관계가 매우 복잡하지만, 대한민국은 선진국으로 성장했다. 경제규모는 세계 10-11위이다.

이제 이곳을 지나 아래로 내려가 보니 '대불호텔'이 있었다. 조선 최초의 근대식 호텔이었다. 내부에 들어갔다. 1인실, 2인실 룸이 있었다. 정동거리 근처에 '손탁호텔'이 있다. 그 호텔은 러시아 풍이다. 대불호텔은 1887년 일본인이 건립했다.

생활사전시관

대불호텔에서 나와서 '생활사전시관' 후문으로 들어갔다. '인천'이라고 적힌 열차가 있었다. 1898년 착공한 경인선 열차일 수 있다. 열차가 아니라 지하철일 수 있다. 급하게 입장하는 바람에 열차인지, 지하철인지 생각할 겨를이 없었다. 필자는 관찰력이 뛰어난 편이 아니다. 그래서 그것이 성격적으로 늘 마음에 걸렸다. 물론 좋은 점도 있을 것이다. 몇 년 전 국가기관의 철도 프로젝트를 연구책임자로 수행한 적이 있었다. 시베리아횡단철도와 한반도 철도에 관련된 보고서를 썼었다. 철도와 관련, 조금의 지식이 있다. 시베리아횡단철도, 중앙아시아철도에 관련된 논문 몇 편이 있다.

청일전쟁 직전 일본은 한반도 지배권을 강화하기 위해 철도선을 부설하였다. '한반도종관철도', 혹은 '한반도종단철도'로 불렸다. 그냥 '한반도철도'로 표기되기도 한다. 경인선은 처음에는 프랑스인이 착공하였지만, 일본이 교묘한 방식으로 부설권을 획득했다. 일본은 경인선, 경부선, 경원선 등 철도를 한반도 지배의 핵심 수단으로 활용했다. 철도의 역사는 한반도의 슬픈 역사였다. 학술적 용어로 '식민지근대화이론'에 대한 논쟁이 아직도 있다. 일본은 철도선을 침략의 도구로 이용했다. 생활사전시관 앞에 철도 상징물을 놓아둔 이유는 정확히 모르겠다. 아마 인천부터 노량진, 즉 서울까지 철도 개설은 한반도의 특별한 철도 역사였으며 그 시발점이 인천임을 강조하기 위함이 아닐까.

　송도해수욕장에 가본 적이 없다. 인천 거주민에게 이 해수욕장은 추억의 장소일 것이다. 개인적인 나의 추억에도 해수욕장이 등장한다. 고향 집에서 몇 분만 걸어가면, '구룡포 해수욕장'이 있었다. 초등 시절 가끔 수영을 했다. 그 곳은 낭만적이었다. 수건 1장, 사과 1-2개를 가지고 갔는데, 수영복은 아예 집에서 입고 갔다. 해수욕장 근처 바윗돌이 있는 곳에 수건 등을 놓아두고 수영을 했다. 중학교 시절에도 그랬다. 파라솔 대여는 언감생심, 꿈을 꿀 수가 없다. 어린이들에게 비싸기 때문이다. 물론 부모님과 같이 간다면, 그건 다른 일이 될 것이다.
　고교시절, 방학 때 고향으로 내려가면 가끔 해수욕장에서 놀았다. 누구나 그런 추억이 있다. 열병처럼 앓던 소년의 기억이었다. 돌아갈 수 없는 추억의 한 페이지에는 그 해수욕장이 떠오른다. 해수욕장만큼 강렬한 청춘의 이야기가 있을까. 사춘기 소년의 행복 그 자체였다. 방학 때 대구의 친구들을 데리고 고향에 갔다. 같이 수영을 하고 해수욕장 근처 바닷가를 거닐었다. 그때 찍은 사진은 아직 남아있다.

매우 친한 친구가 있었는데, 몇 년 전 급성 백혈병으로 먼저 하늘 나라에 갔다. 그는 중국에서 사업을 하다가 어려움을 겪었다. 그럼에도 불구하고 리듬체조 선수였던 나의 첫째 딸을 재정적으로 지원하고 싶은 마음을 늘 피력했다. 말만으로도 고마웠던 친구였다. 먼저 그렇게 가니 마음이 아플 뿐이다. 고등학교 때 절친이었다.

어린 시절을 재현하듯이 안방 모습이 있었다. 가장 먼저 어머니와 아버지가 떠올랐다. 보는 순간 울컥했다. 이제는 이 세상에 안계시기 때문이었다. 세월이 지나가보니 명절에 부모님을 찾아뵈었던 시절이 행복했다는 마음이 들었다. 부모님 전상서를 다시 쓸 수 있다면 얼마나 좋을까. 하늘나라를 향해 편지를 보내야 할까? 이 방에는 어린 시절의 기억이 묘사되어 있다. 가장 적나라한 물건은 오강이었다. 실제 저 오강을 자주 사용했다. 아침마다 누군가는 뒤 칸, 즉 화장실로 저 오강을 가지고 가 안에 있던 소변을 붓곤 했다. 아버지, 어머니와 함께 저 안방을 다시 쓸 수 없을까. 유년의 기억이 떠오른다. 돌아갈 수 없는 가슴 뭉클한 사연의 시대상이다. 자화상이었다.

이 방 근처에는 이발관 내부 모습이 재현된 방이 있었다. 어느 순간부터 남자들은 더 이상 나이가 지긋한 분이 사장으로 있는 전통적인 남성 이발관에서 머리를 깎지 않는다. '블루클럽' 등 남성 전용 미용소가 있지만, 여전히 과거의 전통적인 남성 이발관이 있다. 지금은 여성들이 헤어샵을 개점하지만, 예전 우리는 남자 이발관만을 사용했다. 시대는 변한다. 불변의 진리가 있지만, 추억도, 이전의 물건도, 기억하고 싶은 순간도 다 지나간다. 그래도 추억, 회상, 기억은 영원히 남아있다. 이 에세이도 회고, 회상의 이야기가 많이 표현되어 있다.

　구공탄 옆의 자전거이다. 골목집이다. 연탄을 구공탄이라고 불렀다. 연탄을 실어 나르던 자전거가 놓여있었다. 살아가던 모습을 형상화했다. 연탄가게 아저씨는 보통 자전거, 혹은 일본말인데 구루마, 그런 도구를 통해 연탄을 배달한다. 부모님께서 겨울에 나뭇잎 등을 구해 와서 부엌에서 땔감으로 때워 온돌방을 따뜻하게 하곤 했다. 그것들을 다 어디에서 구했을까? 가끔 아버지가 산에 가서 나무토막이 등을 구해오던 기억도 생각난다. 고향 바닷가는 물새 소리가 들리던 곳이다.

아버지께서 선주라서 다른 집에 비해 조금은 생활 형편이 나았는데도 나무를 구해 오곤 했다. 배를 가진 분을 선주(船主)라고 했다. 가난하게 살던 친구들도 많았다. 아버지는 배 1-2척을 가지고 배 사업을 했다. 주로 꽁치와 오징어를 잡는 일이 구룡포 배의 특징이었다. 선주라고 아주 잘 살던 집은 아니었다. 선원보다는 좀 더 생활이 나을 수는 있지만, 그렇다고 특별하게 잘산다는 생각을 하지 않았다.

고 3때 이사 이후에는 주로 연탄을 쬐었다. 한때 이산화탄소 중독으로 잠을 자다가 많이 죽던 시절이 있었다. 나중에는 좀 더 진보해 연탄보일러를 이용했다. 연탄, 구공탄을 바라보는 토요일 오후의 이 시간은 그저 즐기면 될 것 같다. 지난 시절을 자꾸 유추하는 버릇이 있지만, 좋은 추억으로 기억에 담고 싶다. 아버지 시대는 도시가스의 축복을 잘 받지 못했다. 부모님은 전설이며 신화적 삶을 살아가신 분들이다. 신화(神話)가 무슨 특별한 것인가? 보통사람의 살았던 이야기이다. 어르신이 부대끼며 살아갔던 이 시대 이야기이다. 그 신화는 영원히 우리 가슴 속에서 잊혀 지지 않는다.

영화포스터가 있었다. 눈에 띄는 포스터는 신성일, 장미화 주연의 '겨울여자'이다. 1977년 영화였다. 중학교 3학년 때였다. 최인호의 원작소설을 영화로 만들었다. 여자 주인공의 이름은 '경아'였다. 레전드 영화이다. 신성일은 이제 고인이 되었지만, 장미희씨는 아직 생존해 계신다. 이 영화 때문에 '경아' 이름은 얼마나 유명해졌는지 모른다. 이장희 씨가 부른 "내 그대에게 모두 드리리"가 주제곡이었다. 전설적 노래이다. 오늘은 전설이 많다. 무수한 세월이 지나갔고 한국 영화도 엄청나게 발전했다. 천만 명 이상이 본 한국 영화도 많지만, 이 영화는 전설로 불릴만하다.

중학교 시절 아버지와 같이 MBC의 '주말의 명화', KBS의 '명화극장' 등을 아주 즐겨봤다. 특히 필자는 2차 세계대전에 관한 영화와 멜로 영화를 좋아했다. 언젠가 아버지께서 같이 영화를 보면서 포도주와 오징어를 먹으라고 권해서 포도주를 마셨던 기억이 있다.

나의 정서는 그런 영화를 보면서 많이 형성되지 않았을까 한다. 지중해성의 아름다운 기후가 있는 조국을 떠나 참전한 청년들이 안타깝게 죽는 장면을 볼 때에 너무나 마음이 아팠다. 포로로 독일군에 잡혀 있다가 탈출 과정에 죽는 장면도 기억난다. 대부분의 영화는 연합국의 시각, 즉 반 독일적 시각이었다. 멜로 영화의 사랑의 안타까움도 많은 생각을 일으켰다. 영화는 청소년 시기 안타깝고 아쉬운 감정을 많이 선사해주었다.

맞은편의 생활사전시관 입구이다. 실제적으로 이곳이 정문이다. 생활사는 개인적 삶의 공간이고 사회적 합일의 공간이다. 일반 민중이 살아가던 모습이었다. 개인의 생활이 있는 곳은 청년의 열정을 불러일으킨다. 이제 나의 청년의 시기는 이미 종식했다. 그렇다고 해서 청춘 같은 마음이 사라지지 않았다. 유년기, 청년기의 기억에는 멋지고 아름다운 명문장에 대한 희구가 있었다. 이 생활사전시관 앞에서 왜 그런 회상이 일어나는 것인가?

타인의 명문을 대하면 가끔 나도 그런 명문을 쓰고 싶다는 어떤 강력한 의지, 전투력이 발동하는 것 같다. 저런 명문을 쓰고 싶다는 강한 바램이었다. 사르트르는 타자(他者)는 지옥이라는 표현을 했다. 이 실존주의의 철학자에게 타인은 매우 부담스러운 존재인가보다. 그런데 어릴 적의 경험을 본다면, 대단히 훌륭한 명문을 쓰는 분들은 천사와 같은 존재로 느껴진다.

피천득 선생님의 '인연', 민태원 선생님의 '청춘예찬', 이양하 선생님의 '신록예찬', 이상보 선생님의 '갑사로 가는 길'처럼, 시대적, 인간적, 복고적인 수필과 에세이를 쓰고 싶다는 마음이 들 때가 있다. 독특한 문체를 읽으면 자극을 받는다. 중독처럼 마음을 휘감는다. 어떤 꿈을 꾼다. 그 꿈의 실체를 정확히 파악하기 어렵다. 무엇이든지, 세상을 더 아름답고 밝게 만들어가는 이상적인 꿈을 꾼다. 이상주의자로 늘 그치긴 하지만.

아름다운 문장을 만들고 세상을 아름답게 사유하도록 해주었던 훌륭한 수필가, 문인이 계신다. 필자는 그런 대열에 들어갈 수가 없다. 그분들은 치열하게 살았기 때문에 훌륭한 글을 남겼다. 치열한 몸짓으로, 냉철한 사고로 그 시절을 지나왔다. 고전적이고 보편적인 것은 영원하다. 필자가 톨스토이, 도스토예프스키 등 러시아 작가를 좋아하는 이유도 그 보편성의 가치에 있다. 세상을 치열하게 아름답게 만들고 싶었던 위인이었다.

인천근대문화거리에서 내려가서 보니 '신포국제시장'이 있었다. 처음 듣는 시장 이름이다. 가끔 그런 가게가 있지 않은가. "이 세상의 모든 맥주"처럼, 시장, 가게를 다 나열한다면 엄청나게 많다. 시장은 특정 국가, 특정 사회의 가장 기본적인 삶의 공간이다. 지금은 백화점, 쇼핑몰 등 거대 상업 건물이 자본주의 사회를 지배하지만, 이전에도 현재에도 시장은 삶과 생활 그 자체이다.

인생의 필수품이 있다. 지방 소도시에 가면, 시장은 그 지방 사람의 가장 기본적인 생계 수단이다. 시장은 삶의 근원이다. 시장은 가장 기본적인 먹거리 장소이다. 시장 안에 등대 조형물도 있었다. 인천, 제물포가 바다, 혹은 항만을 의미하는 것이어서 그럴 것이다. 등대는 생명선이다. 바다에서 등대를 보고 항만을 찾아가는 방향타와 같은 역할을 한다.

에필로그

제부도에서 (사진제공: 문창윤님)

'인천 근대문화유산거리'에 왔다. '인천 개항장 거리'이다. 생활의 가장 원초적인 모습이 있는 곳을 찾았다. 생활 문화의 인천에서 삶의 원천에 대해 생각해본다. 4월인데도 인천의 오후는 뜨거웠다. 1876년 강화도 조약으로 개항의 길을 걸어간 조선의 역사는 험난했다. 꼭 기억해야할 역사의 거리였다. 국가는 강력해져야한다. 그래야 당당히 외국과 맞설 수 있다.

 인천 중구청 도시의 한 복판에서 한국 문화를 느끼기 위해 노력했다. 개항부터 약 150년의 시간이 흘러갔다. K-pop은 세계를 강타했다. 우리의 문화가 세계를 개항하고 있다. 시대가 역전되었다. 한국은 1인당 GDP에서 일본을 앞질렀다. 인구수에 밀려 전체 국가 GDP에서 적지만, 1인당 GDP에서 중국, 일본에 앞선다. 인천에서 시작한 개항은 전 세계로 한국 문화가 발산되는 새로운 시대에 직면했다. 문화적 감성, 문화적 위대성이다. 양하영의 노래가 가슴에 밀려온다. 어디에 촛불을 켜야 할까. 어디로부터 개인의 축제는 시작되고 나의 기쁨은 어디에서 시작되는 걸까. 인천이, 대한민국의 도시에 늘 축제가 벌어지기를 기원한다.

축제는 '페스티벌'이다. 축제는 '디오니소스'이다. 고단하고 힘들고 마음이 상한 순간이 너무나 많다. 그러나 그저 거기에 머물 수 없다. 극복의 시간이 있다. 안주하지 않고, 섬을 찾아 나아가면 어떤 섬에 도달한다. 그 섬에 배는 돛을 내린다. 언젠가 우리를 태우러 배가 올 것이다. 인천항에서 인생의 순환을 배운다. 두려워할 필요가 없다. 나를 이끄는 그 힘을 따라 앞으로 전진 할 이유가 있다. 하루하루가 축제로 이루어지기를 기도해본다. 보석과 같은 하루를 보낼 수 있기를 염원한다.

8. 여름, 양주 온릉과 동두천 니지모리 스튜디오에 가다.
"개여울의 사랑을 추억하다"

6월 초순 낯선 곳으로 갔다. 조선 왕조의 여전한 비극인 폐위된 왕후의 능, 그리고 일본 세트장인 니지모리 스튜디오였다.

온릉

온릉 입구에 오니 '조선 왕릉 세계유산' 이정표가 있었다. 2009년 6월 30일 공식 등재. 등재된 왕과 왕비 능이 40개이다. 왕릉은 오직 왕과 왕비만 누릴 수 있는 특별대우의 묘지이다. 경주에는 신라 시대 왕릉이 있다. 온릉은 조선 11대 중종의 첫 번째 왕비인 단경왕후 신씨의 능이다. 왕비가 된 이후 7일 만에, 초고속으로 폐위되었다. 현대사에서도 총리로 내정되었다가 불미스런 사유로 임명 며칠 만에 스스로 사직하는 경우가 있다. 단경왕후는 그런 예처럼 너무나 빨리 사가로 돌아갔다. 폐위 180년 후에 복권되었다. 조선 시대에는 무엇인가 슬픈 사연이 많은 것 같다. 사색당파로 나뉘어져 싸워서 그런 건가. 한국사에 대해 잘 모르지만, 현대 사회에서 정파들끼리 경쟁이 심하고 매일 싸우는 일도 조선의 당파 싸움과도 연관이 있는 것이 아닐까.

가까이 가보았다. 온릉 안으로 들어갈 수 없다. 금지구역이다. '유네스코(UNESCO)'가 지정하는 세계유산은 적잖게 많다. 예를 들면 조지아의 수도 트빌리시 근처 중세 왕조의 수도인 '므츠헤타'는 마을 전체가 세계유산이다. 역사적 마을은 위대하다. 제주도는 세계자연유산으로 등재되어있다. 유산은 세계사적, 지방적 가치를 가지고 있을 때 가능하다. 부모의 유산은 당연히 세계유산이 될 수 없다.

세계유산은 개인을 뛰어넘은 공동체 사회의 위대한 가치, 업적이다. 공동체가 받는 위대한 상(賞)이다. 단경왕후 사후 466년 만에 그분이 잠들고 있는 곳에 왔다. 수백 년의 세월이 흘렀다. 생각만 해도 마음이 저며 온다. 왕후는 기억되니, 역사의 주요 영역인 '기억의 역사'에 포함되어 있다.

나의 삶의 역사는 미래에 누가 기억해줄 것인가? 씁쓸한 웃음이 나온다. 한 명의 평민이 되어 돌아갈 것이다. 개인사요, 개인의 운명인데 무엇을 더 생각하랴. 우리는 평민의 삶에 만족하고, 가족을 위해 살고, 사회적 활동을 하고, 일을 하고, 존재하는 인생이다. 조선의 능에 와서 왕후의 지난한 삶을 생각하기에 왕후는 우리의 위치와 멀리 떨어진 존재이다. 그런데 왕비는 슬픈 개인사를 가지고 있으므로 평민처럼 느껴진다. 가끔 능은 현실적이지 않다. 일반적이고 공통적이지 않다. 한 여인의 인생을 정확히 알지 못하지만, 그녀는 조선 여인의 고통을 대변하는 것 같다. 폐위의 인생이었다. 친정으로 돌아가야만 하는 아픈 여인의 이야기이다.

초여름 온릉에 왔다. 연록색, 청록색, 진한 청색이 가미된 색채는 특별함으로 다가온다. 인왕산 야경을 갔을 때 블루라이트를 강하게 느꼈다. 생각은 자유롭게 할 수 있다. 생각의 기쁨이 있다. 색상은 미학(美學)이다. 인왕산의 야경을 즐긴 것처럼, 온릉 산책로를 걸었다. 작은 숲도 보였다. 산책로는 매우 짧다. 온릉의 산책로가 주는 공기가 깨끗하다. 이 순간을 혼자서 즐기고 싶었다. '카르페 디엠(carpe diem)' 단어가 있다. 2가지 의미이다. "현재를 즐겨라"는 뜻으로 많이 알려져 있다. 또 다른 의미로 "이 날을 붙잡아라"이다. 이 공간에서 청명한 공기를 마음껏 들이마셨다.

코로나 이전인 2019년 가을, 딸이 심한 기침을 오랫동안 했다. 나도 기침을 하기 시작했다. 병원에서 폐렴 진단을 받고 며칠 입원했었다. 생애 두 번째 입원이었다. 항생제를 투여받고 며칠 뒤에 퇴원했다. 그 이후 폐렴의 무서움에 대해 알게 되었다. 항생제를 쓸 수밖에 없는 병이다. 생과 죽음은 항상 가까이에 있다. 나무가 있는 곳, 숲이 있는 곳에 오면, 그 순간을 사랑한다. 깨끗한 공기가 그렇게 반갑다. 이 순간이 최고이다. 아무런 방해가 없는 혼자만의 세상이다.

걷다보니 나무 데크가 있었다. 한국의 모든 산책로에 나무 데크가 많이 조성되어 있다. 모든 관광지, 특히 산악 지역, 산과 인접한 오솔길, 능선, 언덕, 구릉 그 어디에도 설치되어 있다. 생활의 편리함이다. 산책을 잘하도록 배려가 된 설치물이다. 이 작업을 한 많은 이의 노고가 있다.

니지모리 스튜디오

　동두천의 '니지모리 스튜디오'에 도착했다. 일본 영화나 드라마 제작시 일본에 갈 필요가 없도록 준비된 세트장이다. 일본을 압축적으로 표현해야하니, 여러 고증을 거쳤을 것 같다. 일본을 대표해야하는 공간이다. 일본식 다다미집, 일본 집, 료칸이 있는 장소이다. 상업적 요소로 음식 가게가 많았다. 공간이 좁아 다닥다닥 붙어있었다. 스튜디오에 입장하려면 물, 음식을 소지할 수 없다. 생수는 가게에서 구입하라는 의미이다.

대구에서 고교 시절을 보냈다. 제 2외국어가 일본어였다. 제 2외국어는 독어와 불어가 대부분이다. 나의 학교는 대구에서 유일하게 일본어를 채택했다. 선생님은 나이가 꽤 많으셨던 분이다. 나이로 봐서는 1910-1920년대 출생이다. 수업 시간 분위기도 약간은 일제 시대 분위기였다. 질문에 대답을 못하면 뺨을 때렸다. 현 시대 같으면 폭행죄로 고소를 당할 행동이었다. 수업 시간은 공포 그 자체였다. 운이 좋게도 한 번도 맞지 않았던 것 같다. 얼마나 무서웠던지 첫 번째 일본어 시험은 100점, 두 번째는 98점이었다. 1학년 2학기에 공포 분위기도 거의 사라졌다. 선생님의 폭행은 거의 없었다. 아마 1학기 때 학생들이 공부를 잘하도록 일부러 공포 분위기를 조성한 것 같지만, 나쁜 수업 방식이다.

일본어 수업은 1학년으로 끝났다. 제 2외국어라 입시에 그 과목이 없기 때문이다. 내신 성적에만 반영된다. 필자의 둘째 딸은 외고 일본어과에 재학 중이다. 아빠가 일본어 시험을 100점, 98점 받았다고 하니 매우 놀라워했다. 나는 너도 잘할 수 있다고 격려해주었다. 1989년 2월 삼성전자에 입사했는데, 회사에서 입사 한 달 이전 여의도 일본 학원에서 일본어를 배워야한다고 학원도 지정해주었다. 그곳에서 곧 입사할 동기생들과 같이 한달 간 일본어를 공부했다. 10년 만에 일본어를 재차 배웠다.

일본식 정원 앞에서 생각에 잠겼다. 일본 정원은 꽃, 나무, 야생초로 엮어 놓은 것이 아니다. 냇물이 흐르는 분위기가 있다. 나에게는 그렇게 보인다. 불현듯, 1920-30년대 민족의 전통 시인인 김소월(1902-1934)을 생각했다. 그의 시를 전통시라고 부른다. 시 '개여울'을 썼다. 필자는 이 단어를 한국식 냇물, 한국식 작은 정원으로 해석했다. 한국인은 일본인처럼 정원을 꾸미는 스타일의 민족은 아닌 것 같다. 평범할지언정, 정원은 야생 그 자체로 존재한다.

'개여울'의 주인공은 남자이다. "날마다 개여울에 나와 앉아서 하염없이 무엇을 생각합니다." 이 시의 핵심처럼 느껴진다. 사랑하는 여인이 떠난 뒤, 그녀를 생각한다. 그는 그녀를 기다리고 있는 것인가. 한국식 사랑은, 이 한국 남자의 사랑은 여인을 보낼 수밖에 없는 사랑이다. 그는 개여울에서 그녀의 약속을 기억한다.

정미조, 심수봉의 '개여울'을 들었다. 나도 모르게 눈물이 주르륵 쏟아진다. 식민지 시대의 한 남자 때문에 구슬픈 마음이 생겼다. 사랑은 무엇이고, 사랑하는 사람을 기다리는 것은 또 무엇인가? 그들은 무슨 약속을 했을까? 약속은 이루어질 것인가? 1922년 '개여울'이 발표되었다. 시인의 나이 20세였다. 100년 이상의 시간이 지나갔다. 시인은 일찍 세상을 떠났다. 시의 주인공이 실재하는지 알 수 없다. 주인공은 시인 그 자체일 것이다. 그 시대 그 남자는 더 이상 우리에게 없다.

엘리트이든, 평민이든, 그 고단한 시대 그들은 어떤 방식으로든지 삶을 영위했다. 불행한 시대였을까. 아니면 무슨 통과의례처럼 대한제국의 남자가 겪어야만 했던 필연적 시대였을까. 조국 독립을 위해 투쟁한 안중근, 윤봉길 의사가 있다. 안창호 선생님이 계신다. 그 위대한 분들 이외에 많은 평민들이 그 시대를 살아갔다. 나의 아버지는 1922년 출생이다. 이 시가 발표된 해였다. 살아계신다면, 100세가 넘었을 나이이다. 평민들이 그렇게 삶을 살아갔듯, 나의 시간도 평민처럼 흘러갈 것이다.

개여울의 주인공의 나이는 나의 할아버지 세대와 거의 같다. 1920년대는 나의 할아버지가 청년의 시기를 지나가고 있었을 것이다. 주인공은 인간의 가장 기본적인 정서와 마음을 추구한다. 그것이 무엇일까? 사랑이 아닐까? 나의 할아버지가 했던 젊은 날의 사랑이었다. 할아버지도, 아버지도, 그리고 나도 그런 사랑의 마음을 가지고 각각의 시대에서 살아갔다. 할아버지는 식민지 평민들이 가진 사랑의 감정을 가졌을 것이다. 그런 이유 때문에 필자는 당연하게도 일본식 정원보다는 조국 개여울의 정서가 더 위대하다고 느낀다.

일본식 정원에서 삶을 반추한다. 러시아 시인 푸시킨의 시가 있다. 필자가 무척 좋아하는 시이다. 시의 제목은 '차다예프에게'(К Чадаеву). "삶도 사랑도 고요한 명예도 우리를 위로하는 것은 한 순간." 김소월 시의 주인공을 생각하니 마음이 벅차오른다. 알지 못하는 슬픔, 상념이 밀려온다.

1940년대 대동아전쟁이 벌어졌다. 큰 아버지는 징병을 당해 동남아시아 어디에서 폭격을 받고 사망했다. 아버지도 대동아전쟁에 참여했다. 징병이었다. 운이 좋아 평양에 주둔했다. 그것 때문에 아마 죽지 않았을 것이다. 아버지는 6.25 전쟁이 발발하자 이전 군대 경험 때문에 전쟁터로 나갔다. 어머니가 큰 누나를 출산하던 그날, 군대 소환을 받고 떠나야했다. 장녀의 출생을 못 보고 지프차를 타고 전쟁터로 갔다고 한다. 아버지는 살아남았고, 대위로 전역하고, 이후 고향 바닷가에서 사회생활을 했다. 동남아시아의 어디에선가 돌아가신 큰 아버님의 2명의 딸은 나의 부모님이 키우셨다고 한다. 큰 어머님도 일찍 돌아가셨다. 그 사촌 누나들은 나의 부모님을 아버지, 어머니라고 불렀다. 그분들도 비교적 많지 않은 나이에 세상을 떠났다.

우리들 가운데, 이런 가족사가 없는 사람들이 어디에 있을까? 식민지시대를 살아간 할아버지, 아버지 세대의 이야기이다. 개여울의 시대는 남아있다. 그 시대도 시간의 흐름에 따라 변한다. 역사는 승자의 해석이라고 하듯이, 국제사회에서 강대국은 자의적으로 역사를 해석한다. 침략을 인정하지 않는다. 어느 국가에든 국수주의, 민족주의, 국가주의가 존재한다. 정치적 이념에 따라 그 해석도 달라진다. 역사적, 정치적 해석을 하지 말라는 의미는 아닐 것이다. 푸틴이 대통령이 되면서 내세웠던 이념도 국가주의이다.

　일본 스튜디오에 와서 일본 문화의 본질이 무엇인지 알고자 애썼다. 우리는 일본식 정원이 아니라 한국식 '개여울'을 가진 민족이다. 순결함을 상징하는 백의민족이다. 자연 그대로 존재하는 사물에 마음이 이끌렸다. 1920년대 20대인 개여울의 주인공은 필자보다 약 60년 정도 일찍 태어난 선배이다. 그 청년에 대한 김소월의 시는 절제로 가득 차있다. 사랑하는 여성과의 약속을 기억한 그 선배는 기다렸을 것이다. 한국식 사랑이었다. 그런데 그건 절제된 사랑이다.
　식민지 시대 일부는 저항했다. 또 다른 이들은 친일을 했다. 회색지대에서 살아간 이들도 대부분이다. 친일 지식인들이 많았다. 평민들은 저항을 하거나 조용히 살아갔다. 개여울의 주인공은 평범한 남자였을 것만 같다. 이런 글을 쓰기가 참으로 어렵다.

해방을 위해 애쓴 문인들, 지식인들이 있었다. 2025년 현재, 우리는 어떤 방식이든지 조국을 위해 살고 있다. 시대가 지나도 고유하고 영원한 가치가 있다. 예를 들면, 노벨 문학상은 인간의 보편적 가치, 공동의 선을 위해 글을 쓴 문인에게 주어진다. 공통의 가치는 무엇일까? 이 지면에 적지 않아도 모두가 알 것 같다.

건축 구성요소인 대나무가 많았으며, 대나무로 만들어진 다다미 방이 있었다. 일본에 대나무가 많다. 예전 '죽예원'에 갔을 때 놀랐다. 대한민국에도 대나무가 이렇게 풍부히 많이 있었던가? 일본 산사 주위에 대나무 숲이 많다. 사무라이가 자주 등장하는 일본 영화에도 대나무가 많았다. 대나무는 일본 문화의 상징으로 느껴진다.

5월초의 고창읍성 맹종죽림 (사진제공: 문창윤님)

　개인적으로 대나무가 참 좋다. 대나무 곁을 지나가면, 대나무에 손을 접촉한다. 문창윤님이 고창읍성 맹종죽림의 대나무 사진을 제공했다. 일본 대나무와 비교된 이 대나무 사진을 게재한다. 필자가 아는 대나무는 지조, 절개의 의미이다. 그런 뜻으로 본다면, 대나무는 한국적 나무이다. 지조, 절개는 국가 상징의 강력한 민족적, 감정적 요소이다.

　일본 공간을 조그만 세트장에 축소하여 형상화한 장소이다. 주로 일본 료칸, 즉 일본 여관, 다다미방이 주축을 이루고 있다. 영화와 드라마에서 일본과 관련된 연기를 선보이는 곳이다. 일본인의 정서를 이해하기는 어렵다. 개인적으로 '무라카미 하루키' 등 일본 작가들의 소설을 읽은 편이어서 일본 소설에 나오는 일본인의 성격이랄까, 일본 문화의 단면을 이해하는 기회도 있었다. 그래도 어렵다. 타문화 이해에 많은 노력이 필요하다.

　필자는 러시아와 중앙아시아를 연구해왔다. 40대에 박사 과정을 위한 유학을 떠났기 때문에 지금까지 20년 이상 이 영역을 연구해왔다. 박사 학위 이후 20년간 학계에 있었어도 러시아 문화, 중앙아시아 문화를 전체적으로 이해한다는 것이 보통 어려운 일이 아니다. 그런 관점에서 일본 문화를 깊게 이해한다고 말하기는 어려울 것이다. 일본 영화, 소설을 통해 조금씩 알아가고 일본 다큐멘터리로 조금씩 알아간다. 일본 전문가의 좋은 책을 읽으면 일본에 대해 알아갈 수 있을 것이다. 누군가 나의 러시아와 중앙아시아 저서를 통해 그 나라를 조금씩 알아가듯이.

조금 더 걸어가니 사무라이 장군을 상징하는 구조물도 있다. 그들은 사무라이 정신을 영원한 절개, 영원한 충성으로 생각하고 있는 듯하다. 일본 역사 드라마를 보면, 사무라이는 조직을 위해 죽는 비극적 설정으로 나온다. 일본인은 사무라이를 추앙한다. 집단 충성의 정신이다. 일본은 군국주의 국가였다. 집단 충성은 다른 공동체를 피폐하고 고통스럽게 만든다. 대동아전쟁이 그런 경우이다. 아시아와 세계를 2차 세계대전의 비극적 포화로 이끌었다. 집단적 이기주의이다. 일본은 1941년 진주만을 공습하고 '카미카제' 특공대를 투입했다. 전쟁 도발 국가였다. 아시아의 많은 국가를 점령하고 타국인을 전쟁터로 몰았다. 일본은 아직도 자국의 잘못을 인정하고 있지 않고 있다.

　출입금지 지역이다. 저 위의 산중턱으로 가면, 공기가 맑을 것 같다. 오솔길, 숲이 좋다. 포용성, 관용성을 생각해보았다. '똘레랑스'라는 단어가 있다. 관용은 더불어 같이 사는 행동이다. 관용성, 타자(other)에 대한 수용성이 사회를 더 밝게 하는 요소이다. 관용은 타인을 배려하는 일이다. 타국 존중의 입장이다. 타국의 문화조차도 인정하고 배려해야한다. 그런데 이상하게도 일본 문화라면 조금 주저가 된다. 조선을, 대한제국에 고통을 주었기 때문이다.

광복이후 많은 시간이 지나갔다. 미래를 향한 시간대에 이르렀다. 과거의 배를 타고 어느 섬에 당도할 수도 없다. '국가주의'를 해석하기가 쉽지 않다. 러시아 푸틴의 정책은 '국가주의'에 근거한다. 국내에서 정치적으로 극심한 양극화를 경험하고 있다. 역사와 조국을 생각하고 국제관계에서 미래의 해법을 찾을 때이다.

예전 미제2사단 Camp Casey 앞

이제 집으로 돌아가는 시간이다. 신호등을 받고 잠시 차가 섰다. 밖을 내다보았다. 동두천 미제2사단, 예전 Camp Casey 정문 앞이었다. 미군 부대가 동두천을 떠난지 오래되었다. 정문이 매우 초라해보였다. 예전에는 그러지 않았다. 정문이 매우 넓었었다. 나는 카투사로 동두천 미군 군대에서 1983-85년까지 복무했다. 나는 Camp Casey가 아니라 버스로 몇 코스 더 가면, 소요산 가기 전의 'Camp Castle'에서 군대 시절을 보냈다. 2사단 제2공병대였다. 몇 년 전, 그 부대에 가보았는데, Camp가 없었다. 그 자리에 동양대학교가 있었다. 기억을 되살려 내가 근무한 장소와 숙소에 가보았다. 숙소는 학교 기숙사로 변한 것 같았다.

군대 시절은 화려한 청년 시기의 정점이다. 21-23세까지였다. 어제 같다. 그 팔팔하고 생동감이 넘치던 시기였다. 군대 시절은 애틋하고 아팠던 시간이었다. 가끔 동두천 시내에 나가 동료들과 술을 마셨다. 1학년을 마치고 군대에 갔기 때문에 학교에서 마신 청춘의 술과는 그 성격이 달랐다. 그 나이에 군 생활을 한다는 것이 슬펐다. 어느 순간 제대했다. 흐르는 것이 시간이라는 사실을 뼈저리게 알았다. 청춘은 아무리 생각해도 너무 아름다운 세월이다. 베스트셀러인 어느 책 제목이 "아프니까 청춘이다"였다. 아프기도 하지만, 도전하고 탐구하는 멋진 시간이다. 청춘예찬의 수필을 가지고 오지 않더라도, 황금의 시간대이다.

에필로그

고등학교 국어 책 지문 제목이 '탈고 안 될 전설'이다. 세상에 말할 수 없는 많은 이야기가 있다. 저녁 6시 천호역 근처에 도착하고 이후 학교로 갔다. 며칠 후에 특강을 하는데, PPT 자료를 만들어야했다. 피곤한 가운데 일에 몰두했다. 그러다가 현충일에 한국전쟁에 참전하신 아버지가 생각났다. 오늘이 현충일이다. 현충일 추념식을 녹화방송으로 보았다. 마지막 순서가 '현충의 노래'였다.

모든 분들이 노래 가사가 적힌 종이를 보면서 현충의 노래를 불렀다. 나는 '현충의 노래' 가사를 전부 외우고 있다. 초등학교 때부터 국가관 교육을 받아서 그런 것인가. 이 노래는 나에게 특별하고 늘 울려 퍼지고 있었다. "겨레와 나라위해 목숨을 바치니, 그 정성 영원히 조국을 지키네."로 시작한다. 단어에 '조국'이 있다. 그래서 좋아하나보다.

한국인의 사랑은 무엇인가? 폐위된 왕비는 중종이 다시 불러주기를 기다렸을까? 확실하지 않지만, 기다렸을 수 있다. 아니다. 그렇지 아니할 수도 있다. 단정할 수가 없다. 조선시대의 여인은 현대와 다른 별나라의 존재처럼 느껴진다. 도달할 수 없는 그 먼 곳, 내가 감히 그

곳에 있다고 말할 수 없는 그 어떤 공간에 서있다. 그녀는 비록 왕후였지만, 남편이 있는 한 사람의 여인이 아닌가. 내가 갈 수 없는 곳이 있다. 예를 들면, 히말라야 정상에 설 수 없는 것처럼, 조선의 왕이 될 수 없다.

나에게 조선 여인은 생각만으로도 아름답고 정결하다. 영원히 정숙할 것만 같은 사람이다. 궁중드라마에 시기와 악독이 가득한 궁궐 여자들의 이야기를 우리는 많이 알고 있다. 그럼에도 불구하고 조선의 어머님은 어떤 영원성을 지니고 있다. 현대와 어떻게 비교할 수 있을까. 조선 시대 사랑은 얼마나 힘들고 어려웠을까? 사랑은 무엇일까? 조선 시대의 사랑, 그리고 식민지시대 '개여울'의 사랑에 관해 생각했다. 이렇게 사랑이 비밀스럽고, 절제하며 슬픔을 참는 듯한, 염원하지만, 아픈 그런 한국인의 사랑이다.

필자는 오늘 일본식 스튜디오에 들렀다. 일본식 정원에서 무슨 거창한 역사를 생각한 것은 아니었다. 아주 작은 정원은 정확히 할아버지 세대를 기억하게 만든다. 사랑하는 사람을 무슨 이유인지 보내야만 했던 남자의 아픔이 무엇일까 하고 생각했다. 1920년대의 사람들은 우리처럼, 인테리어가 고급스럽게 꾸며진 카페에서 커피를 마시며 데이트를 하지 않았을 것이다. 번번한 만남의 장소가 없어 개여울에서 만남을 가 질 수 있다. 우리가 고교 시절 그랬던 것처럼, 무슨 제과점, 빵집 같은 곳에서 그녀를 만난 것은 아니었을 터. 물론, 1920년대 김소월처럼 문학가들은 신식 카페에서 차를 마셨을 수 있다. 그러나 그 혜택을 받았던 사람들이 몇이나 있었을까?

1980년대 나의 청년 시기의 사랑에 대해 생각한다. 사랑에 대해 알면 얼마나 알 수 있겠는가? 80년대 사랑은 이은하가 '봄비'에서 말했다. 창밖을 보며 같이 우는 사랑이다. 지금 나의 사랑은 가족을 보담아주고 이해하고 배려하는 것에 있을 것이다. 체호프 단편 소설에 '사랑에 대하여'가 있다. 사랑은 전 세계 모든 이에게 난해한 주제이다. 그렇지만 위대한 소설가, 문인들은 사랑에 대해 말하고 있지 않은가. 우리도 그 사랑에 대해 말하고 실천할 때이다.

9. 여름, 고향인 포항시 구룡포 일본가옥거리에 가다.
"아버지 전상서. 아버지를 추억하며 뜨거운 눈물을 흘리다"

2024년 7월 20일, 비오는 날, 고향인 포항시 구룡포로 떠났다. 개인적인 일이 있었다. 버스가 도착하고 '구룡포 일본인 가옥거리' 입구에 섰다. 이 거리가 조성되면서 일본가옥거리 입구가 생겼다. 예전 나의 집은 이 근처이다. 필자는 '귀향', '집으로' 등 이런 단어를 좋아한다. 귀향은 마음을 설레게 한다.

옛집에 먼저 들렸다. '여든여덟밤'이라는 상호로 전통찻집으로 운영되고 있다. 젊은 부부가 이 가게 주인장이다. 가끔 들를 때마다 이곳에서 차를 마신다. 나이 19세였던 고 3때인 1980년, 이사 왔다. 그 전의 집은 내가 태어난 다른 집이었다. 이 집은 2층에 다다미방이 있는 일본식 가옥이었다. 1922년에 이 집이 세워졌는지 "since 1922"라고 적혀있다. 필자는 사실 그런 역사가 있는지도 모른다. 거리를 조성하면서 기관에서 이전의 역사 자료를 찾았을 것이다. 다다미방은 여름에 시원했지만, 겨울에는 추워서 사용하지 않았다. 누구에게나 집의 역사가 있다. 묘지위에 세워진 아파트도 있다고 한다. "since 1922"는 역사이다. 100년 이상 경과된 집이다.

2005년 3월, 아버지가 이집에서 돌아가셨다. 나는 국비장학생으로 모스크바 국립대학교에서 공부하고 있었다. 2005년 2월 21일, 박사 학위를 받았다. 학위와 관련된 서류 작업을 마치고 2005년 3월 초 귀국했다. 귀국 이후 서울에서 한국연구재단 프로젝트 지원 준비로 고향에 바로 가지 못했다. 귀국 열흘 후에 고향에 가서 아내, 장녀와 함께 부모님께 큰 절을 드렸다. 아버지의 건강이 많이 안 좋아보였다. 귀국 2주후 아버지는 하늘나라로 가셨다. 심장병이 있던 아버지는 병중에 있었고, 아들이 학위를 받고 귀국할 때까지 돌아가시지 않고 기다리고 계셨다. 나를 꼭 보고 싶었나보다.

이후 몇 년이 지났다. 어떤 분이 와서 이 집을 구입하고 싶다고 하셔서 어머니께서 집을 파셨다. 이런 집은 팔릴 수가 없을 텐데, 고가에 사겠다고 해서 감사한 마음으로 처분했다. 그분은 주위 몇 채의 적선 가옥을 구입했다. 구룡포 근대문화거리가 조성된 계기였다. 바로 옆집은 예전에 할머니 홀로 사시고 있었다. 그 할머니는 돌아가셨을 것이다. 가끔 그 분을 만나면 인사를 드렸다. 할머니도 나를 반가와 하셨고, 인사를 잘 받아주셨다. 지금 그 집은 근대문화거리 여행안내소이다. 명칭은 '피어라운지'이다.

　구룡포 가옥거리를 죽 걸었다. 거리 전체는 매우 짧다. 목포와 군산 근대문화거리에 가면 동선이 매우 넓다. 특히 군산의 경우는 집중적으로 분포되어 있지 않고 넓게 퍼져있다. 구룡포 근대문화거리는 금방 둘러볼 수 있다. 어느 적선 가옥에 드라마 '여명의 눈동자'에 관련된 사진이 많았다. 구룡포에서 이 드라마를 많이 찍었다. '여명의 눈동자'는 다시 보고 싶은 드라마 1위라고 한다. 예전에 가끔 이 드라마를 보았다. 그런데 고향에서 촬영하였으리라고는 생각 못했다. 격동의 현대사를 다룬 작품이었다.

 동백서점이 보이고, 드라마와 연결하여 홍보하고 있었다. 공효진 주연의 '동백꽃 필 무렵'에 나오는 동백서점이다.

조금 걸었다. 이정표가 한꺼번에 있었다. 공원으로 올라가는 길옆의 이정표이다. 이곳을 중심으로 일본인 가옥거리는 340미터에 불과하다. 아버지는 60세 이전의 나이에 뇌출혈로 크게 쓰러지신 경험이 있어 건강 회복을 위해 노력하셨고, 이 계단을 매일 오르내리셨다.

　　드라마에 나오는 공원 계단 바로 입구 카페인 '게이샤 커피'이다. 나의 집에서 20-30미터 정도 떨어져 있을까? 1년 후배가 살던 집이다. 고려대학교 국문과에서 박사학위를 받았다. 등단 시인이었다. 고등학교 국어 교사로 재직하다가 퇴직하고 학원을 운영했는데, 심장마비로 40대에 일찍 하늘나라로 갔다. 비가 계속 내리고 있었다. 이 카페에는 방문객들이 많았다. 카페에 들어가서 커피를 주문했다. 일찍 불행을 당한 절친한 후배의 집이었고 옛 추억이 많았다. 이 집에 자주 가지 않았지만, 명절 때면 후배 부모님께 절을 하러 들르곤 했다. 후배는 집 밖에서 자주 만났다.

필자와 후배는 초등학교 때부터 학교 대표로 주산대회에 참여했다. 필자는 주산을 곧잘 잘해 초등학교 때 1등 상을 많이 받았다. 5-6학년 때는 대구의 대구상고와 중앙상고가 개최한 경북도내 주산대회에 참여, 개인종합 1등을 차지했다. 종목이 7개가 있었는데, 나는 독산암산과 게시암산 부분에서 2년 연속 1등을 차지했다. 가장 강한 나의 종목이었다. 초등학교에서 유명세를 떨쳤다. 그 후배가 이 집에 없다고 생각하니 세월의 덧없는 무상을 떨쳐버릴 수 없었다. 나는 재수를 하고 1학년 때 그 후배의 고려대 근처 자취집에 가끔 가서 놀았다.

비가 내리는 구룡포항이다. 간혹 소설가들이 구룡포에 대한 글을 소설 속에서 쓸때가 있다. 구룡포는 주로 항구, 어항으로 유명한 곳이다. 예전에 윤대녕의 소설을 읽는데, 구룡포가 소설 내용 중에 나오는 것을 보았다.

저녁의 구룡포 해수욕장이다.

　다음날 용무를 마치고 다시 예전 집의 찻집에 왔다. 사장님이 나를 매우 반가와 하셨다. 나를 여러 번 보았기 때문에 기억하고 있었다. 이 찻집에 들르면 예전 안방이던 곳에서 주로 차를 마신다. 아버지와 어머니가 주무시던 방이다.

　예전 고향에 들를 때면 옆방에서 잠을 잤다. 이 방에서 김홍신의 인간시장을 읽고, 톨스토이의 전쟁과 평화를 읽고, 이외수의 소설 칼을 읽었다. 고향 집은 방이 3개 있었다.

가까운 방파제로 갔다. 아버지와의 작은 추억이 기억났다. 대학생 때였나? 정확한 시기는 기억이 나지 않는다. 아버지가 방파제로 나를 불렀다. 나는 그곳에 갔다. 아버지께서 무슨 말씀을 하시고 싶어 했다. 어렵게 하셨던 말씀이 "미안하다"는 것이었다. 무엇이 미안한지 잘 설명하지 않았다. 그 말씀을 하시고 싶어 나를 불렀다. 그때는 그게 무슨 뜻인지 몰랐다. 수십 년의 세월이 흘렀다. 이제야 왜 그때 아버지께서 그런 말을 하셨는지 어렴풋이 그 이유를 알 것 만 같다. 얼마나 미안했으면 그런 말씀을 하셨을까. 생각해보면 아버지께서 나에게 용서를 구할 일도 없었다. 아버지는 자식들을 위해 최선을 다해 사셨던 분이기 때문이다. 살아생전 화를 내시지 않으셨던 분이다. 조용히 자식들을 위해 사셨다.

그 시절을 회상하니 눈물이 흘러내렸다. 마음은 걷잡을 수 없이 아버지 생각으로 가득 찼다. 이제야 알 것 같았다. 아버지를 생각하며 방파제를 걸었다. 아버지는 내가 고교 1학년 때인 50대 말에 뇌출혈로 쓰러지셔서 건강에 어려움을 겪었다. 겨울에 통영수전을 다니던 둘째 형을 만나기 위해 통영에 가셨다가 부산 사촌누나 집에 가셨다. 그 집을 떠나던 아침에 갑자기 쓰러지셨다. 집이 아니라 길에서 쓰러졌으면 돌아가셨을 것이다. 내가 살던 대구의 큰 누나 집으로 와서 한방병원에서 치료를 받고 많이 회복되셔서 고향으로 내려가셨다. 예전만큼 활발히 일을 할 수 없었기 때문에 배 사업을 잘 할 수 없었다. 덩달아 나의 가족도 경제적 어려움을 겪었다.

지나간 시절은 늘 회한으로 가득 차는 것인가? 나는 왜 그때 아버지께 아무 말도 하지 못했을까. 지금의 나의 마음이라면 아버지께 사랑한다는 말을 꼭 했을 것이다. 꼭 안아드렸을 것만 같다. 왜 부모님 마음을 헤아리지 못했는지 이제야 아프다. 나에게 예쁜 두 딸이 있다. 아이들이 나를 이해해줄까 하고 생각을 한 적이 많다. 자식이 아버지를 이해한다는 것은 쉽지 않은 일이다. 부모님이 자신을 잘 모른다고 딸들은 생각할 수 있다. 어떻게 해야 하나? 아이들에게 무엇을 원하지 말고, 내가 먼저 아이들에게 맞추어야한다. 더 늦기 전에 사랑하고 고운 말을 많이 쓰고 그래야겠다. 아버지께서 그렇게 하셨기 때문이다.

아버지는 내가 연합고사를 치르고 대구에서 고교 시절을 보낼 수 있도록 지원했고 대학교까지 보내셨다. 감사할 따름이다. 그런 과정을 통해 나의 가방 끈이 길어졌는지 모르겠다. 내가 잘한 것은 없다. 그래서 부모님 전상서를 지금도 드리고 싶은 이유이다. 지금 편지를 쓴다면 얼마나 좋을까. 이제 편지를 보내 드릴 곳이 없다. 많은 세월이 지나가고나니 이제야 눈물이 앞을 가린다. 뜨거운 눈물이다. 7월 하순의 뜨거운 태양아래에서 한 남자가 눈물을 흘리고 있었다.

아직 서울로 갈 시간이 남아 있어 바닷가로 나갔다. 하늘은 더없이 맑았다. 뜨거웠다. 걷기가 불편했지만, 뜨거운 태양 아래 구룡포항을 걷기로 했다. 꽤 큰 항구이다. 지나가다가 캠핑용 차를 보았다. BAYRUN이었다. 인터넷에서 찾아보니 캠핑차의 로망, BAYRUN 이라고 적혀있었다. 영국 낭만파 시인의 대표자인 '바이런'의 이름을 따서 캠핑차 이름을 만들었을까? 낭만은 영어로는 로망이다. 길을 걷다보니 처음 보는 이정표가 많았다. 과메기 문화거리 이정표도 있었다. 모든 거리에 네이밍을 한 건가. 과메기는 구룡포의 특산품이다. 맞은편에 우체국이 보였다. 도대체 저 우체국은 몇 십 년 동안 저 곳에 서 있을까? 50년이 넘었을 것 같다. 아직도 그 자리에 있다. 다시 근대문화거리로 돌아왔다. 시장기를 느껴 홍게 라면을 먹었다. 구룡포의 특별 음식처럼, 12,000원짜리 라면이었다. 고향에서 생애 가장 비싼 라면을 먹었다.

근처 나의 초등학교에 들렀다. 구룡포 동부국민학교이다. 예전에는 초등학교가 아니라 국민학교라 불렸다. 오래 전에 폐교되었다. 다른 건물이 들어서 있었다. '구룡포 과메기문화관', '아라예술촌'이 들어섰다. 이 근처에서 최초의 나의 사진을 찍었다. 1969년 1학년 가을 운동회 때, 어머니, 큰 누나, 작은 형과 같이 찍은 사진아 아직 남아있다. 지금 작은 형은 많이 편찮으셔서 요양병원에 계신다. 그 사진 생각을 하니 또 눈물이 앞을 가로막는다. 형 생각을 하니 마음이 저려왔다. 사진을 찍던 당시 어머니는 40대 초반이었다. 어머니는 작은 형을 매우 사랑했다. 한없이 예뻤던 어머니. 어머니 생각을 하니 마음이 또 아프다. 모교에 더 이상 있을 수 없었다.

결혼과 동시에 나는 모스크바로 유학을 떠났다. 국비유학시험에 합격했다. 한양대학교 교수 임용은 2008년이었다. 그 해 한양대 근처로 이사했다. 첫째 딸은 응봉초등학교에 다녔는데, 초등학교 1학년 때 리듬체조를 방과 후 과목으로 배웠다. 계기가 되어 딸은 리듬체조 선수가 되었다. 초등학교 4학년말부터 중학교 2학년 때 까지 3년 6개월을 모스크바에서 체조 유학을 했다. 딸은 그렇게 운동선수로 열심히 자신의 인생을 살았다. 운동선수로 고생을 많이 한 장녀를 생각하면 마음이 아프지만, 그것은 딸의 인생이었다.

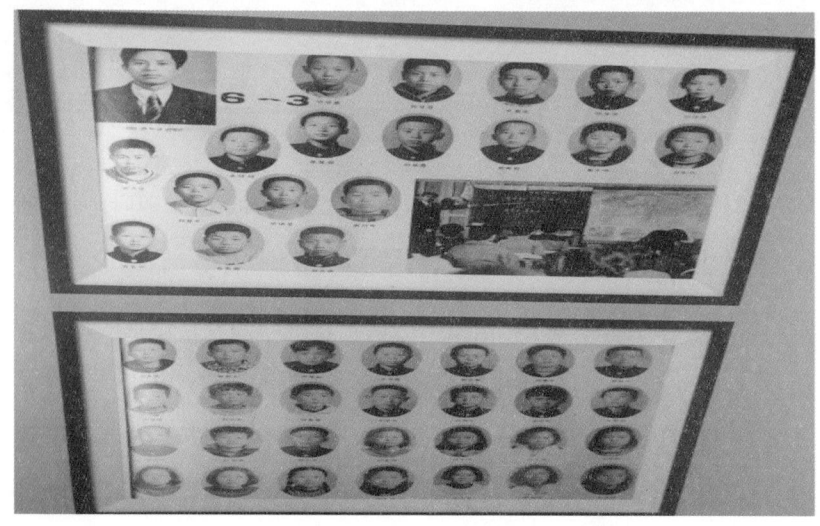

깜짝 놀랐다. '아라예술촌' 앞에 아카이빙 사진이 걸려있었다. 이 사진은 1975년 초등학교 졸업앨범이었다. 6-3반, 나의 반이었다. 이 학교의 그 많은 졸업생 중에 유독 1975년 6-3반 아카이브가 아라예술천 입구에 있다니 많이 놀랐다. 내 사진이 걸려있었다. 초등학교 앨범을 잃어버렸는데, 뜻밖에 사진을 보게 되었다.

담임 선생님 사진도 오래간만에 보았다. 나는 초등학교 6학년 때 어린이회 부회장이었다. 6학년 때 담임 선생님과 별로 좋은 기억이나 친분이 없다. 선생님에게 뺨을 크게 맞은 적이 있었다. 다 지나간 일이다. 이 세상에 얼마나 많은 폭력이 난무하는 것일까? 가부장적 사회에서 행해진 폭력도 많았다. 남성이 여성에게 가한 폭력적 형태가 가정에 많았다. 지금도 그렇다. 그 폭력성은 완전히 사라지지 않았다. 국가가 폭력적이면 전쟁을 일으킨다. 타국에 고통을 안긴다. 2022년의 우크라이나 전쟁도 그런 것이다. 많은 사람들을 죽음의 세상으로 내몬다. 언사를 포함, 모든 폭력성은 이 땅에서 사라질 일이다.

현대 사회에서 폭력은 많이 사라지고 있다. 인권도 많이 개선되었다. 남성과 여성의 평등도 많이 개선되었다. 필자가 1989년 삼성전자에 입사해서 그룹 연수를 받을 때 여자는 전혀 없었고, 남자만 있었다. 당시에는 여자 대학생 출신을 잘 뽑지 않았던 것 같다. 생각해보면 그건 불평등이다. 현대에 상상할 수 없는 일이다. 모르겠다. 여직원은 따로 연수를 받았는지 모르지만, 삼성전자 수출부에 발령을 받고 보니, 본사에도 대졸 출신 여직원은 없고, 고졸 출신 여직원밖에는 없었다.

　초등학생 때의 나의 모습이 이렇게 똘망똘망했을까. 무언가 화가 난 표정이지만, 입을 굳게 다물어서 그렇게 보이는 것일 게다. 내가 보아도 사랑스럽다. 어언 50년의 세월이 흘렀다. 나는 지금 60대이고 세월이 화살처럼 빠르다. 구룡포에 와서 이 소년을 만난 것이 놀랍기만 하다. 입은 옷은 중학교 교복처럼 느껴진다. 사복을 입은 아이들도 있다.
　이 소년, 정세진은 지금까지 어떤 인생을 살아왔을까. 제대로, 올바로 지금까지 삶을 살아왔던 것일까. 얼마나 많은 회한이 있을까. 아쉬움이 있을 것이다. 행복과 기쁜 순간도 있었다. 지금까지 살아왔다. 삶은 화살처럼 지나가는 어떤 시간의 과정이다.

　　드라마 '동백꽃이 필 무렵'이 찍히던 계단 위다. 이 근처에 충혼탑이 있다. 저 아래 구룡포항이다. 이 계단을 내려가면 다시 일본가옥거리이다. 오후 4시30분. 이제 서서히 구룡포를 떠나야할 시간이 다가오고 있었다. 1박 2일의 버라이어티쇼는 아니지만, 이례적으로 1박 2일의 고향 방문이다. 예전에 자주 오던 공원 위이다. 이 포인트는 드라마가 찍힌 곳이다. 필자는 가끔 왜 이곳에서 태어났지 하는 생각을 한 적이 있었다. 나의 의지와는 상관이 없다. 동해안의 작은 바닷가에 태어났고, 중학교까지 전 시간을 생활했다. 대학 일학년을 마치고 카투사로 입대했는데, 입대 날짜가 1983년 7월 6일이었다. 1학년을 마치고 입대 전 거의 6개월을 고향에서 보냈다.

에필로그

구룡포에서 포항으로 출발하는 버스를 타기 이전, 옛집에 다시 들렀다. 한 시간을 차를 마시며 더 머물렀다. 또 언제 올 수 있을까. 이번에 눈물을 많이 흘렸다. 다시 오고 싶지 않다는 마음이 들었다. 마음이 아파왔기 때문이다. 가족 생각을 많이 해서 그랬을 것이다. 예전 집 앞에서 사진을 찍었다. 이 사진을 마지막으로 구룡포를 떠났다.

900번 시내버스를 타고 일단 포항으로 가서 서울로 가는 기차를 타든지, 버스를 타든지 해야 한다. 김목경의 전설적인 블루스 노래인 '부르지마'를 부르고 싶었다. "부르지마 부르지마 하고픈 말이 있어도." 도대체 무슨 말을 하고 싶을까? 이 작은 기록을 글로 남기고 싶었다. 어릴 적 추억의 거리, 삶의 원천이 있던 고향이다.

여전히 미래의 삶이 남아있다. 그것이 최대 관심사이다. 지나간 것은 지나간 대로 저 과거에, 후방에 남겨두고 싶다. 아니 그래야한다. 끝난 시간이기 때문이다. 지나감은 저 뒤에 있다. 앞만 바라보고 나아가야 할 것이다. 나의 최고의 순간이 오지 않았을 수 있다. 벌써 왔다고 하더라도 상관없다. 남아있는 생애는 최고의 순간을 성취하기 위한 과정이라고 생각하자. 걸으면서 생각하고, 일하고, 인생을 관조하며, 찬찬히 나아갈 일이다.

10. 여름, 청담동 명품거리에 서다.
"명품 문장, 명품 에세이의 꿈을 꾸다"

8월 하순 청담동 명품거리에 갔다. 압구정로데오역 7번 출구에서 가장 먼저 반겨주는 매장이 '프라다(PRADA)'이다. 솔직히 명품에 대해 잘 모른다. 이곳은 한국 최고의 소비의 거리인가, 명품의 거리인가, 명소인가? 압구정동, 청담동에 거의 올 일이 없다. "아는 것만큼 보인다"는 말이 있다. '프라다'에 대해 내가 아는 것은 "악마는 프라다를 입는다"는 문구 정도이다.

압구정, 청담에 대해 거의 아는 것이 없다. 1985년 제대하고 1986년 2학년으로 복학하고 압구정동 현대아파트에서 중학생 과외를 잠간 한 적이 있다. 시인 유하의 시가 생각났다. "바람부는 날이면 압구정동에 가야한다." 압구정동에 가면 영화배우 심혜진을 닮은 여자들이 많이 보인다고 표현된 것 같다. 그 시는 1990년대 초에 발표되었다. 그 시대도 완전히 지났다. 유하가 지금 압구정동에 대해 시를 쓴다면 어떻게 표현할까. 그는 물질만능사회를 비판했다.

1982년 대학교 1학년 때이다. 겨울 불우이웃돕기를 한다고 압구정 현대백화점에 모금함을 들고 갔었다. 배우 최불암을 우연히 만났다. 5000원을 웃으면서 넣어주었다. 60년대 트로이카 배우셨던 고 남정임을 만났다. 그분은 1,000원을 넣어주셨다. 그리고 한 말씀 하셨다. "이곳에서 이렇게 모금해도 되나요?" 괜히 미안한 감정이 들었다.

프라다, 티파니, 돌체앤가바나, 아르마니, 루이비통, 구찌, 크리스찬 디올 등, 청담의 도시는 외면적으로는 화려해 보인다. 생활 중에서 나의 작은 기쁨은 가끔 집 근처 한강 '스타벅스'에서 토요일 오후 한강을 바라보며 커피를 마시는 일이다. 청담동에 오니 다른 세상처럼 느껴졌다.

　프라다 옆에는 구찌가 있었다. 이 정도는 나도 알고 있지 않을까. 구찌는 가방 명품으로 유명한 회사이지 않는가. 광고 사진에는 젊은 여성이 청바지를 입고 있다. 여성은 고혹적, 매력적 분위기를 주고 있었다. 잘은 모르지만, 최고의 광고 효과가 있어서 여성을 내세웠을 것이다. 현대 사회는 광고 사회이다. 소비심리를 이끌기 위해 최고의 전략을 짤 것이다. 오묘하게, 혹은 교묘하게 소비 시장으로 우리를 인도한다.

　'샤넬(CHANEL)'을 지나칠 수 없다. 샤넬의 남자 모델은 누구인가? 잘 생겼다. 이태리 남자인가, 스페인 남자인가? 프랑스 남자인가? 나의 개념 속에는 프랑스 남자 모델이 잘 떠오르지 않는다. 잘 생긴 남자의 대명사인 스페인 아니면 이탈리아일 것만 같은 생각이 든다.
　가끔 눈에 보이는 세상은 외면적 아름다움으로 가득 차 있다. 그 아름다움의 실체는 무엇인가? 저 모델은 멋진 가방을 들고 있다. 내가 좋아하는 색깔이다. 가격이 엄청 높지 않다면, 저 가방을 사고 싶은 마음이다. 왜 그렇지 않겠는가? 멋져 보이는 샤넬 가방이다. 명품 짝퉁 업체는 샤넬의 영어 표기를 아마 이렇게 바꾸지 않을까 싶다. "CHANIL." 짝퉁은 단어 하나는 최소한 틀려야한다. 동일한 브랜드명이면, 엄청난 사기가 된다. 짝퉁도 사기인데, 브랜드 단어가 하나는 틀려야할 것이다. 명품을 구입하라고 도전적으로 유혹하는 것은 여성 모델만 있는 것은 아니다. 저 남자 모델도 물건을 구매하라는 몸짓을 보인다.

화려한 옷을 입든, 소박한 옷을 입든, 보는 눈에 따라 사물은 아름다움의 형체를 가진다. '엠포리오 아르마니(EMPORIO ARMANI)' 매장 앞에서 어떤 유혹을 느끼는가? 옷에 대한 미적 감각이 거의, 혹은 전혀 없는 내가 보기에도 매력을 느낀다. 유혹이 아름다움인가? 아름다움이 유혹인가? 나이를 먹은 사람도 유혹을 느끼는 그 어떤 대상과

물건이 있다. 사물에는 미적 실체가 있다. 나도 보통사람처럼 살면서 어떤 매력, 유혹, 혹은 욕망을 가졌다. 아르마니 앞에서 질끈 이전의 생각들이 났다.

    19세기 러시아에 있어 여성의 아름다움은 어디에 있었을까? 남자 농부에게 여성의 미는 팔뚝이 단단하고 농사일을 잘하는 여자였다. 남자 귀족에게 여성의 미는 창백하고 하얀 얼굴이었다. 물론 이 표현도 19세기 러시아 인텔리겐차, 즉 러시아 지식인이 했던 말이다. 미는 그것을 어떻게 수용하느냐에 따라 달라진다. 만약 나의 눈이 아름다움으로 가득 차 있다면, 다른 이도 아름답다고 생각할 수 있을 것 같다. 전혀 아름답지 않다고 간주할 수도 있다.

    미는 각자의 취향에 따라 달라진다. 세상의 부(富)를 어느 정도 가지고 있든 말든, 보통 사람이든, 부자이든 상관없이 미는 각자의 주관적 상황에 달려있다. 아르마니 매장 앞에서 유혹을 받든, 말든, 돌체 매장에서 무슨 감정에 빠지든, 청담동의 정체를 알기가 어렵다. 나의 세상과는 다른 세상인가. 소위 another level인가?

    필자가 좋아하는 19세기 러시아 단편 작가이며 극작가인 '안톤 체호프'의 말을 생각해보았다.

"Сейте разумное, доброе, вечное,

Сейте! Спасибо вам скажет сердечное Русский народ!"

"현명한 것, 선한 것, 영원한 것의 씨를 뿌려라. 그러면 러시아인들은 당신에게 진심으로 감사합니다 라고 말할 것입니다"

19세기말, 20세기 초의 위대한 작가의 말이다. 나는 늘 이 문장을 외우고 기억하고 있다. 나는 이 지상에서 살아가면서 현명하고 선하고 영원한 것의 씨를 뿌렸을까? 부의 상징인 청담동에서 나는 더 선하고 영원한 것을 생각하고 있을까? 체호프는 저러한 정신을 가지고 600 여 편의 단편을 썼을지도 모른다. 그는 세계 연극사에서 위대한 희곡을 남겼다. 1980년대 학교에서 공부하면서 저 표현을 알았으니 세월이 꽤 지났다. 가끔 저 명구가 기억났다. 그런데, 그러한 정신을 가지고 살았는지 반성이 된다. 잠깐 이 땅에 왔다가 삶을 마친다. 살고 있는 동안에, 저런 마음을 가지고 이웃을 생각하고 더 높은 도덕적 가치를 지니고 살아가야겠다는 심정을 새롭게 한다.

청담동에 사람들이 생각보다 많지 않았다. 청담 분위기가 성수동으로 많이 넘어갔기 때문이라는 설명이 있다. 성수동은 젊은이의 거리이다. 성수역, 뚝섬역, 서울숲역은 그들로 가득 차 있다. 이 지역은 나의 직장인 한양대학교에서 결코 멀지않다. 그런데 나는 성수동에 거의 가지 않았다. 강의하고 논문쓰기에도 바쁜데, 성수동 거리를 갈 특별한 이유가 없었다.

학교 박물관 프로그램에 무슨 시멘트 여행 프로그램이 있었는데, 그때 참여해보았다. 그 공간이 성수동이었다. 성수동에 대해 조금 알게 된 계기였다. 필자는 물건을 사는 데 오랜 시간이 걸린다. 어디를 가야할지 잘 알지 못하기 때문이다. 구두를 하나 사고 싶었다. 사지 못하고 한참 헤매다가 성수동에 구두 골목길이 있다고 해서 구입한 적이 있다.

17년 전인 2008년에 한양대에 임용되어 왔을 때 성수동 건물은 공장 형태가 많았다. 누군가 새로운 아이디어를 많이 현실화시켰는지, 그 건물들이 지금은 명품 가게로 변한 경우가 있었다. 새로운 도시재생사업의 일환이었다. 당시에는 도시 거리에 이런 볼품없는 건물이 왜 이리 많지 하는 생각을 해본 적이 있다. 시대의 변화에 민감하지 못했다. 성수동에 대해 큰 관심을 가지지 못했다. 핫한 장소로 뜬다는 생각 자체를 하지 않았다.

    청담동에 '바하(BACHA)' 커피점이 등장했다. 'BACHA Coffee 1910'이다. 1910년에 설립되었다는 의미이다. 보통은 1910 앞에 'since 1910'이라고 표기될 수도 있다. 이 가게는 115년이 지났다. 메뉴에 '이스탄불 커피'도 있고, 다양한 종류의 커피가 있다. 튀르키예 외교관이 아주 오래전에 영국에서 근무하면서 영국 '카페'를 보고 튀르키예에 동서양을 아우르는 커피 전문점을 세웠다. 예전 어느 대학교에서 '세계의 문화' 교양 과목을 강의한 적이 있었다. 어떤 책을 교재로 활용하였는데, 각 국가의 문화 모티프가 소개되어 있었다. 스페인이 '투우'라면 영국은 '벽돌집'이다. 튀르키예는 '커피 하우스'였다. 내 기억이 맞다면. 튀르키예의 커피 전통은 매우 강력하고 그 역사가 길다. 이 커피 가게가 청담동에 도착했다.

커피하우스는 역사적으로 영국에서 가장 먼저 시작한 문화 상징으로 알고 있다. 영국 주재 튀르키예 외교관들이 고국에 이 '커피하우스'를 소개하고 튀르키예 문화 상징이 되었다. 러시아의 모티프는 무엇일까? '도끼'이다. 도끼는 나무를 베는 도구이다. 러시아 문화를 설명할 때 이 상징은 매우 중요하다. 시베리아에 가면 무수히 많은 '통나무집'을 볼 수 있다. 통나무집은 나무로 만들어진다. 도끼가 러시아의 모티프인 이유이다.

예전 '시베리아의 사회와 문화' 교양 과목을 강의할 때에 그렇게 말한 적이 있다. 나의 상상력이었다. 만약 어떤 사람이 시베리아를 여행한다면, 개썰매를 타고 시베리아를 달리다가 인근에 통나무집을 발견하면 잠시 그곳에 들러 차를 대접받을 수 있을 것 같다. 추운 나그네를 위해 통나무집에서 내주는 따뜻한 차는 통나무집과 더불어 멋진 앙상블이 되어 여행의 작은 기쁨이 된다 라는 내용이었다.

입생로랑 건물을 지나갔다. 지갑, 가방, 향수로 유명하다. 입센로랑으로 불리기도 한다. 문득 나 자신은 명품 삶을 실천하고 있는지 자문해보았다. 삶의 자질, 성품, 자격, 인생관, 태도, 인간관계, 가족에 대한 사랑, 그 어떤 것도 많이 부족하다. 명품 수준에 도달하지 못했구나 하는 생각이 스쳐 지나갔다. 명품은 우수하고 뛰어나다.

명품 가게 앞에 외제차가 많이 주차되어 있었다. 젊은이들이 주 고객인지, 그들이 많이 들락날락거린다. 남녀가 함께, 혹은 남자 혼자서 가게에 들르는 모습이 보였다. 명품은 브랜드이다. 명품의 증거는 브랜드의 가치이다. 브랜드는 권력이다. 브랜드는 강력한 세력이다. 그 브랜드는 미래에도 쉽사리 사라지지 않을 것이다. 대단한 재벌도 시대에 따라 사라지는 경우가 있다. 그런데 저 브랜드의 힘은 왜 사라지지 않을까. 명품의 짝퉁을 만드는 것은 비열한 짓이고 양심 불량이며, 삶의 불편한 진실이다. 속임수이다. 명품의 명성에 먹칠을 하는 행위이다.

건물 벽 색깔이 바랜 것은 아니었다. 그렇게 보일 뿐이다. 필자는 이러한 바랜 색깔을 좋아한다. '몽클레르 (MONCLER)' 건물의 빛바랜 느낌이 좋다. 의류 명품 매장이다. 청소년, 청년기 때 우리는 빛바랜 옷을 좋아했다. 명품은 아니더라도 소위 '빈티지' 샵에서 의류 구입을 좋아하는 이들이 있다. 전형적인 중고품 물건을 판매하는 샵에 간다면 빛바랜 색깔의 옷을 구입할 수 있을 것만 같다. 명품이 아니라면

빈티지 샵이라도 가자. 어린 시절, 멋을 낸다고 빛바랜 군복을 입고 돌아다니기를 좋아하던 동네 선후배들이 있었다. 그런 색깔에 매료되었는지, 혹은 시골에서 입을 옷이 없어서 그런지는 모르겠다. 벽 색깔이 특별하지 않지만, 한때 유년 시대의 추억을 연상케 한다. 필자도 그 시절로 돌아간다면, 빈티지 샵에서 옷을 구입하고 고향을 싸돌아다니고 있지 않을까 한다.

　이 잘 생긴 남자의 옷도 빛이 바랜 것 같다. 지금은 여름인데, 여름 옷이 아닌 것 같다. 여름이 아닌 봄가을, 혹은 겨울에 이 광고 사진이 부착되지 않았을까 한다. "자. 여러분. 몽클레르 브랜드 옷을 입으세요."라고 강하게 호소한다. 회상은 추억이다. 기억을 돈으로 살 수 있다면, 많은 돈을 지불하고라도 구입할 것 같다. 그런데 돈보다 더 소중한 것이 인생에 너무나 많다. 글을 쓰는 이 순간이 행복하고, 하루를 보석처럼 보내기를 원하는 마음을 가지는 이 순간, 이 자체를 사랑하고 싶다.

　나에게 괜찮다고 말해주자. 두려울 것이 없다고 말하고 싶다. 이 세상에 그 어떤 화려한 것이 있더라도, 작고, 평범하고, 소박한 것에 가치를 두는 사람들도 많다. 그런 것을 통해 삶의 가장 아름다운 순간에 도달할 수 있기 때문이다. 저런 광고에 이끌려서 명품 옷을 구입하는 사람도 있지만, 전혀 아무런 감흥을 느끼지 않는 사람도 존재한다. 이중적인 것이 아니라, 사람의 선택이다. 선택을 하며 살면 된다. 모든 것을 소유하는 태도가 아니라, 더 귀중한 최상의 가치를 추구한다면 헤매지도 않는다. 그러면 그것은 보석이 되어 우리에게로 달려올 것이다. 마치 어떤 버스 안 공익 광고 영상처럼, 두 팔을 벌려 사랑하는 딸을 안는 그런 아름다운 모습처럼, 내 속에 고요히, 격조 있게 흐르는 최고의 그 어떤 가치를 향해 달려 나간다면 말이다.

오늘 본 것 중에서 가장 특색이 있던 건물이다. 구찌 건물은 자연의 모습과 가장 많이 닮아있다. 식물 조경, 나무 조경으로 이루어져있다. 환경을 생각했을까? 명품에 대한 비판 의견 가운데 가장 큰 것이 환경파괴의 주범이 명품 브랜드라는 점이다. 불편한 진실이다. 예를 들면 모피 옷 같은 것이다. 물개, 담비 등을 잡아 죽여서 모피를 만드는 경우가 많다. 모피는 매우 비싼 옷이다. 특히 의류, 가방, 가죽 제품에 동물 육체로 제작하는 경우가 많다. 자연파괴, 환경파괴이다.

제정러시아가 시베리아를 정복하기 시작한 때가 16세기 중엽이었다. 러시아의 카자크 족이 시베리아 점령에 앞장섰다. 그들은 러시아 정부의 용병이었다. 러시아가 시베리아를 정복한 가장 큰 이유가 '모피' 획득에 있었다. 카자크 민족이 시베리아 지역을 탐험하고 모피를 획득하면서 시베리아가 점령되었다. 이 모피를 유럽 궁정에 팔아서 막대한 수익을 얻었다. 이 과정에서 모피와 관련된 많은 동물이 희생되어야했다. 따뜻하게 입기 위해 물개 등이 학살되었다.

그런 이유로 고급 옷은 논쟁이 매우 심한 주제가 되었다. 이 구찌의 화려한 건물을 바라보면서 그런 가슴 아픈 일이 있다는 것을 기억했다. 괜히 소침해진다. 인간의 유익을 위해 희생되는 일들이 많이 있다. 이런 일이 동물에게만 적용될까? 유럽제국들이 아프리카와 아시아를 점령해 저지른 악한 일들은 수도 없이 많다.

 구찌 건물 앞에서 저런 조경으로 사람들에게 내비치는 이유가 무엇일까? 구찌는 무언가 자연과 합일하는 그런 건물이고 그런 기업 미래상을 가지고 있다는 의미일거다. 즉 환경과 자연을 가꾸고 싶어 하는 기업이 바로 구찌라는 항변이다.

'크리스챤 디올'의 그 유명한 건물이다. 건물 건축비가 약 300억 원이 소요되었다고 한다. 8월 하순이다. 뜨거운 여름은 곧 종식될 것이다. 가을의 귀뚜라미가 보이고 코스모스와 잠자리가 출현하는 시점에 우리의 옷도 가을의 옷으로 바뀔 것이다. 산으로, 혹은 가을이 예쁜 어느 지방의 명소로 떠날 채비를 할지도 모른다. 청담동에 오니 소시민이라는 생각이 가득 들었다. 압구정동, 청담동은 예전에 배 밭이었다고 한다. 유하의 시에도 나와 있다.

　청담동에는 한류스타거리와 시티 투어버스 정류장도 있었다. 청담동이 강남의 대표적 장소인지, 아니면 압구정, 신사동인지, 혹은 서초동인지 잘 모르겠다.
　서울에 처음 와서 나의 대학교가 있던 강북에서 어느 날 버스를 타고 영동대교를 지나간 적이 있었다. 그때는 강남이라기보다는 영동으로 불렸던 것 같다. 강남 개발이 본격 시작되던 그 때였다. 버스를 타고 가는데, 신기했다. 촌뜨기가 보기에 강남은 매우 먼 곳이었고, 자주 갈 수 있는 데가 아니었다. 별다른 세계 같았다. 세월이 많이 흐르고 흘러 오늘 청담동에 왔다. 세상에는 참으로 뛰어난 능력을 가진 사람도 많고, 그들은 어떤 능력을 가졌을까 하는 생각을 해본다.

에필로그

저녁 8시 압구정로데오역 근처의 루이비통 건물이다. 고등학교 1학년 6월 필자는 성급하게도 당시 영어의 바이블인 '성문종합영어' 공부를 시작했다. 1학년 때 그 책을 공부하는 학생도 물론 있었다. 보통은 그렇게 빨리 시작하지 않는다. 나는 그 책의 브랜드, 책의 위력에 휘둘렸는지 빨리 시작했다. 그 책에 지문으로 나오는 에세이 문장들이 참 좋았다. 예를 들면 존 에프 케네디 대통령의 취임 연설문 등 훌륭한 문장은 통째로 외우곤 했다. 아직도 기억하는 건 '시칠리아의 기후'에 대한 지문이었다. 그곳의 기후는 mild 하다고 표현되어 있었다.

이후 내 인생에서 시칠리아 이야기를 들을 때 마다 그 단어가 기억났다. 영화 대부를 좋아한 이유도 주인공 마이클이 시칠리아에 피신해 있던 장면이 있었기 때문이다.

최근 무라카미 하루키의 에세이를 읽었다. 그는 시칠리아에서 한 달을 살면서 소설을 썼다고 한다. 솔직히 많이 부러웠다. 시칠리아에서 한 달 살기를 했다고? 한 달 살기를 하면 비용이 얼마나 드는지 인터넷에서 찾아보았다. 그의 소설 '상실의 시대'를 최근 다시 읽었는데, 하루키가 이 소설을 쓰기 시작한 곳이 시칠리아라고 한다. 싸구려 호텔에 책상도 없어서 호텔 근처 카페에서 그 소설을 썼다고 한다.

필자에게 시칠리아는 명품 섬으로 각인되어 있다. 인생의 가장 순수하고 아름다운 사춘기 시절, 그 단어 때문이었으리라. 인문학 전공 관련, 많은 단독저서와 논문을 썼지만 필자는 에세이 저서에 도전하고 싶다. 명품 문장, 명품 글, 명품 에세이. 이는 여전히 추구하는 처절한 목표인지도 모른다. 명품으로 대변되는 청담 거리에서 필자가 보고 싶었던 것은 무엇일까. 뜨거운 여름, 혹은 이제 곧 갈망하며 다가올 가을 색 바랜 도시의 거리가 있을 것이다. 산업화 시대의 도시를 거쳐 이 시대, 화려한 도시의 네온거리가 있다. 도시의 일상의 시간들, 오늘은 낮에 왔지만, 저녁, 혹은 밤의 청담의 거리는 어떤 색채를 가지고 있을까? 어떤 색으로 나의 마음에 앉아올까.

3월 말 교토에 갔을 때 료안지에서 느낀 그 특별한 감정이 떠올랐다. 색채가 아름다워 보이는 벽을 만났을 때 느꼈던 감격이었다. 벽은 빛바랜 색으로 60대의 나에게 다가왔다. 혹은 은각사 근처 난젠지 수로각에서 보았던 색 바랜 색깔의 벽이 기억났다. 빛바랜 고풍스런 건물 앞에서 찬탄의 마음으로 서있었다. 중학교 시절, 보스턴 가을, 그 도시의 빛바랜 벽을 어떤 엽서로 보았을 때 느꼈던 그런 감정을 늘 되살리고 싶었다. 회상, 회고의 아름다움이었다. 그것을 소유하고 싶었다.

11. 가을, 오대산 상원사, 월정사와 선재길, 전나무숲길을 걷다.
"그저 걸음을 즐기라. 그저 걷는 것이다"

상원사

　10월 하순 오대산 선재길을 걷고 싶어 그곳으로 떠났다. 오대산 국립공원에 도착했다. 상원사를 먼저 방문하고 선재길을 거쳐 월정사, 월정사 전나무 숲으로 가는 트래킹이다. 상원사 단풍을 보았다. 가을이 깊어가고 있었다. 월정사, 상원사는 예전 고교 국어책 지문에 나온 것 같다. 꽤 특이한 스토리였던 것 같다. 사찰 입구에 '천고의 지혜' 글귀가 보였다. 오랜 세월의 지혜라는 의미이다. 천고의 세월, 인고의 세월을 지나 우뚝 솟아 있는 불국(佛國)의 세월이었으리라. 상원사는 705년에 세워졌다. 신라가 삼국통일을 하고 얼마 안 된 시기였다. 벌써 1,300년이 훌쩍 넘었다.

상원사의 특징은 '천고의 지혜, 깨어있는 마음'으로 요약된다. 상원사에 '천음회향'으로 명명된 '종'(鍾)이 있었다. "가장 오래되고 아름다운 종"으로 인정된다. '국보'이다. 종의 이름이 매우 특별하다. 천음은 하늘의 소리인데, 하늘의 소리가 향기를 발한다는 의미가 아닐까한다.

선재길

오대산 선재길 표식이 보인다. "깨달음, 치유의 천년 옛길"이었다. '월류봉' 길도 그렇다. 상주에서 영동으로 가는 백화산 둘레길은 '호국의 길이다. 반대로 영동에서 상주는 '천년 옛길'로 명명되었다. 선재길도 천년 옛길이다. 길 이름이 거의 유사하다. 신라가 거의 1,000년 지속되었기 때문에 천년 단어를 사용하는 것 같다.

깨달음과 치유의 천년 옛길이다. 오대산 선재 길은 저명한 길이다. 보통 깨달음, 치유는 불교에 어울리는 단어 같다. 한국 사회의 화두는 한때 치유, 힐링이었다. 천년을 가로질러 대한민국 역사가 가파르게 달려왔다. 선재 길은 스님들이 상원사와 월정사를 왕복하던 길이다. 선재 길을 걷는다는 사실 만이라도 마음이 들떠 있었다. 어떤 길인지는 잘 알지 못했지만, 이름은 많이 들었던 터이다. 드디어 오게 되었다. 계절도 가을이었다. 감정의 확장이요, 기쁨의 확대이다. 그런 마음으로 선재 길을 따라가는 이 여정에 동참했다. 기쁘다는 것은 삶이 살아있다는 말이다. 소멸되지 않을 영원한 시간, 현재를 걸었다. 인생의 시간은 무엇일까? 오늘은 '길의 시간'이다. 그 길은 영원 전에 형성되어 수만 년의 시간을 가로지른 태고의 영원성이다.

단풍 넘어 계곡의 물을 바라보았다. 빨갛게 물 들은 단풍 사이로 계곡의 천이 싱그럽다. 빨간 색채, 작은 그리움이다. 그리움은 병처럼 다가온다. 그리움은 회상이다. 그건 아름다움의 갈망이다. 적어도 나에게는 그렇다. 그리움은 사람을 향한 따뜻하고 숭고한 심정이다. 영원한 가을의 전설이 선재 길에서 이루어진다. 길 끝까지 귀를 쫑긋 움직인 요소는 길을 따라 병렬적으로 흐르던 개울의 물이다. 선재길 내

내 졸졸 흐르고 있었다. 소리로 자연의 지혜를 들을 수 있다. 소리는 살아있다.

　이 계곡물은 소금강 계곡, 연화연 계곡, 홍천 용소 계곡의 물보다 훨씬 적게 흐른다. 그렇지만 올망졸망 정겹게 흐르고 있다. 평온한 길이 연이어 이어졌다. 낙엽은 빨리 땅으로 떨어지는 듯하다. 아직도 선명히 기억한다. 카투사로 동두천 미군 부대에서 근무하던 그때, 1985년 11월 1일, 2일, 그 때쯤이었다. 부대 막사 앞에는 엄청난 양의 낙엽이 떨어졌다. 11월 28일이 제대 예정 날이라 제대가 4주도 남지 않았다. 마냥 행복했던 때였다. 제대 말엽, 떨어지는 나뭇잎도 조심해야 한다고 하지 않았던가. 그래도 빨간 낙엽이 아름답게만 보였다. 23세 최고로 아름답게 보았던 빨간 낙엽이었다. 제대는 임박했다. 나의 계절은 청춘이었다. 그때 알았다. 11월이 오면 단풍은 낙엽이 되어 우수수 떨어진다는 것을. 그 생각만 하면 감정에 사무친다. 다시 올 수 없는 청춘의 예찬으로 가득 찬 나날들이었다.

　작은 철골 구조가 나타났다. '왕의 길'이다. 이러한 구조물이 번호 1번부터 시작해 이어졌다. 상원사 쪽으로 걸어가는 방향에 세워져있다. 상원사에서 월정사 쪽으로 걸어갈 때도 동일하다. '왕의 길'은 5번이다. '화전민길'은 4번이다. 왕은 세조를 지칭한다. 상원사 유래를 보니 세조가 상원사에 왔던 적이 있다. 왕의 길은 King's road이다. 유럽에 가면 구도시에 King's road가 있다. 유럽 대부분의 도시에 왕의 길이 있었다. 구도시 중심가 길이다. 2019년 여름 폴란드를 갔을 때 바르샤바, 그단스크를 거쳐 '크라프추크'로 갔다. 그곳 근처의 아우슈비츠 수용소를 방문하고 싶었다. 크라프추크에도 '왕의 길'이 있었다. 중세의 큰 도시였다.

세조는 일견 긍정적 군주로 해석될 때도 있지만, 그렇지 않은 평가가 있다. 조카 단종을 폐위하고 죽였기 때문이다. 쿠데타로 왕권을 탈취했다. 영월의 운탄고도 길을 트래킹했다. 그 근처에 단종 묘가 있었다. 영화 '관상'을 보았는데, 세조 역은 글로벌 배우인 '이정재'였다. 영화에 나오던 그의 미소와 모습이 섬뜩했다. 세조의 관상이 단종을 폐위하는 그런 전형적 모습을 띠고 있다는 의미를 담고 있었다.

　　친절하고 사람들을 안심시키는 이정표가 있다. 둘레길은 생동감이 넘치는 길이다. 시민들에게 친절히, 자세하게 설명을 해주는 여러 이정표가 등장한다. 자상함이다. 이는 좋은 덕목이다. 여성의 결혼 조건 중에 남성의 훌륭한 성품, 자상함과 배려는 최우선 상단에 있다. 현대 사회는 급변하고 있어 어쩌면 다른 조건이 1위일 수도 있겠다.

중학교 시절, 일기장을 구입할 때 설렜다. 10대 소년의 순수성, 원시성, 원초성의 마음이 60대가 된 지금까지 간직된다면 좋겠다. 영원한 소년이 되는 것은 어려운 일일까? 꽃이 되어 피어오르던 소년 시절이 있었다. 일제 강점기에 '소년' 잡지가 있었다. 인터넷에서 찾아보았다. 1908년 11월 1일 창간, 1911년 5월 1일 통권 23호를 끝으로 폐간되었다. 한일합병 이전 창간이다. 발행인은 최남선이었다. 최남선은 집필자이고 제작에 참여했을 뿐이라고 한다. 편집 겸 발행인은 최창선(崔昌善). 최남선의 형이었다. 1910년 2월 이광수·홍명희 등이 집필자로 참여하면서 최남선 개인잡지의 성격으로부터 벗어났다. 강건한 청년 정신의 함양에 주력하는 잡지였다. 잡지명은 '소년'이었지만, 실제적으로 청년 정신에 초점을 맞추었나보다.

러시아 저명 작가들의 자전적 소설 제목이 그랬다. 19세기 톨스토이, 20세기 고리키의 소설 중에 '유년시대', '소년시대', '청년시대'가 있다. 인생의 3부작이 유년, 소년, 청년이었다. 3부작에는 중년과 노년이 없었다. 고리키의 3부작 제목은 또 다르게 표현되는데, 각각 '유년시대', '세상속으로', '나의 대학에서' 등이다. 필자가 국제협력이사로 참여하고 있는 신동엽학회가 있다. 매월 한번 씩 줌으로 월례회를 하는데, 동학, 혹은 신동엽에게 영향을 미친 러시아 소설 등을 공부하는 모임으로 진행된다. 러시아를 전공한 필자는 열심히 이 모임에 참여했는데, 고리키의 '유년시대'를 공부했다. 매우 흥미 있었다.

되돌아갈 수 없는, 다시 경험하기 어려운 시간이다. 나에게 아직 검버섯은 없다. 언젠가 나이를 더 먹으면 검버섯도 생길 것이다. 그러기를 바라지 않을 뿐이다. 피부도 노화에 빠질 시간이 온다. 아직은 얼굴이 깨끗하다. 지금은 하염없이 길을 걸어가고 싶다.

신계행이 노래 불렀다. "그대 사랑 가을 사랑. 단풍일면 그대 오고…그대 사랑 가을 사랑. 낙엽지면 그대 간다"라고. 단풍이 일고 있었다. 내 생애가 웃는 얼굴로 가득차면 좋겠다. 웃자. 하늘을 바라보면서 웃자꾸나. 삶을 관조하면서 웃자고. 세상이 나를 흔들더라도, 흔들리지 말고 웃으면서 살아가자. 푸시킨도 그런 말을 하지 않았던가.

"삶이 그대를 속일지라도 노여워하거나 슬퍼하지 말라. 현재는 슬픈 것. 그러나 지나간 모든 것은 아름다운 것이라니"

지나간 모든 것은 아름답다고 한다. 그 시처럼 그런 삶의 방식을 믿으며 살아갈 수밖에 없다. 선재 길을 걸었다는 마음만으로도 위안이 된다.

명상쉼터 앞을 지나갔다. 이 길은 1천년 이상의 호국의 길이다. 평민들, 스님들, 불자들은 명상에 잠겼을 것 같다. 필자는 도반과 같이 움직이고 있었다. 쉬면서 명상의 시간을 가지지 못했다. 아쉬운 대로 남겨두고 길을 재촉해야 한다. 명상의 시간을 누구나 필요로 한다. 성공의 길만 갈 수 없다. 가끔 쓰라린 실패의 순간을 경험한다. 한동안 멈추어야 하고, 휴식기를 가져야 할 때도 있다. 지나간 것은 지나간 대로 두고 훌쩍 무소처럼 걸음을 재촉해야한다. 뚜벅뚜벅 걸어야할 시간이 남았다. 이 길에서 많은 사람이 깨달음과 치유를 얻었다면, 선재길은 찬란한 1,300년간의 세월을 보상받았으리라. 역사의 길, 너와 나의 길, 세월이 오면 늘 나타났을 찬란하도록 아름다운 단풍 길이었으리라. 길을 걷던 이들의 재잘거리는 이야기가 들려오는 듯하다.

월정사

　월정사에서 먼저 보였던 독특한 사찰 건물이다. 현대식 설계의 사찰 건축물을 만나기가 상당히 어려운데, 매우 독특한 설계 같다. 사찰도 현대화된다. 종교적 상징인 불교 사찰도 변화를 경험한다. AI의 시대이다. 알지 못하는 사이 세상은 저만큼 떨어져 있거나 나를 떠나 다른 공간으로 가버린 것 같다. 디지털 세상에 적응하기 매우 어렵다. 아날로그 식 방식에 적응된 필자는 빠른 시스템에 잘 대처하지 못한다. 필자가 아는 교수 중에는 AI 전문가도 계시다. 활동을 많이 하신다. AI 수요가 많고 국제 행사도 많다.

오대산 전나무숲길

그 유명한 오대산 전나무숲길로 들어섰다. 소나무에 부착된 표지가 눈에 띈다. "걷기 명상은 지금 내가 걷고 있음을 알아차리면 된다." 명상의 법칙이다. 무언가 의미 찾는 작업을 원하는 사람에게 던지는 충고의 말씀이다. 내가 걷는 것, 걸으면서 살고 있다는 것, 호흡하고 있다는 것을 알아차리면 된다는 의미이다. 그것이 생활이며 살아가는 법칙이고 존재의 모습이다. 실상 무슨 의미를 꼭 찾아야만 되는 것은 아니다.

이 숲을 걸어갔다. 오대산 전나무 숲길은 대한민국 3대 전나무 숲길의 하나이다. 전나무가 하늘로 쭉쭉 뻗어있다. 나도 이 전나무를 따라 저 높은 하늘로 올라가는 꿈을 어렴풋이 꾸고 있다. 행복한 감정이 몰려왔다. 숲길을 걷는다는 사실이 흡족한 마음을 불러 일으켰다. 잘 왔다. 가을의 선재 길과 전나무 숲길도 걸었다. 소확행은 특별한 것이 아니다.

에필로그

하늘 높이 오르는 비상의 꿈을 꾸는 것일까? 2014년 가을에 이곳에 왔던 것 같다. 아름다운 전나무 숲길 모습이다. 숲길이 끝나지 않기를 바라는 마음이었다. 아니, 1시간이라도 이 길을 걷는다면 좋겠다는 감정이 솟아올랐다. 전나무위에 멋진 글귀가 있다.

"그저 걸음을 즐기라. 그저 걷는 것이다."

예전에 보았던 '남과 여' 프랑스 영화의 대사이다. "만약 집에 화재가 난다면 당신은 램브란트의 그림을 가지고 피할 것인지, 아니면 집 고양이를 선택할 것인가?" 남과 여의 주인공 중 한명이 질문을 한다. 그런데 다른 주인공이 고양이를 선택한다고 대답한다. 예술보다도 인생이 더 중요해 인생을 선택한다는 뜻이었다. 그 기억이 났다.

도시의 서사는 그렇다. 도시의 모습, 도시의 이야기는 다양하고 소재도 풍부하다. 시골이든, 도시이든 담벼락이 있다. 수도 없이 많은 사람의 이야기가 적힐 것이다. 우리의 인생도 시간이 지나면 담벼락의 낙서에서 사라지고 이 인간 세계에서 퇴장할 것이다. 그것이 인생이다. 그러기 때문에 많이 슬퍼할 필요가 없을 것 같은 생각이 들었다. 삶의 시간, 현재의 시간은 늘 지나간다. 하루를 보석처럼 보내야 할 이유이다.

12. 가을, 죽령옛길, 부석사, 소수서원에 가다.
　　"10월의 어느 멋진 날에, Bravo!"

　　2024년 10월 26일, 옛스러운 땅, 향토의 땅, 한없이 고풍스러운 곳, 역사 문화 도시인 영주에 갔다. 죽령, 부석사, 소수서원 등을 방문했다.

죽령옛길

죽령옛길에 도착했다. 충북 단양과 경북 영주시 풍기읍을 경계로 한 길이다. 영주시가 '선비의 고장'이라고 부르나보다. 경북이 끝나고 충북이 시작되는 그 경계에서 죽령옛길을 위에서부터 아래로 걸어가는 길을 선택했다. 충북의 경계에서 경북으로 내려가는 길이었다.

죽령옛길을 따라간다. '죽령주막'이 나왔다. 막걸리를 마시러 가지 않았다. 이 길은 오래전 삼국시대부터 사람들이 걷던 장소라고 하니 유서 깊은 역사적 길이다. 선비는 고고함을 상징한다. 필자는 1989년 2월 삼성전자에 입사했고 6월에 퇴사하고 7월에 한국경제신문사 기자로 언론인 생활을 했다. 1996년 3월 신문사를 퇴사하고 기독교 관련 단체에서 NGO 활동을 하다가 국비유학시험에 합격하고 2005년 모스크바국립대학교에서 박사학위를 받았다. 4줄로 16년의 인생을 약력으로 간단히 정리했다.

박사학위를 받은 이후 2025년까지 약 20년 아카데미 생활을 했다. 졸업 이후 36년 동안의 사회생활 중 가장 많은 시간을 학계에서 보낸 셈이다. 90여 편의 인문학 논문을 썼고, 단독저서를 8권 출간했으니 그런대로 열심히 학문 생활을 한 셈이 된다.

선비라는 단어를 들으면 필자는 선비는 될 수 없다는 생각을 많이 했다. 선비는 무언가 고고하고 격조가 있고, 훌륭한 성품을 지닌 존재이다. 우러러 보고 싶다. 필자는 학생들로부터 존경을 많이 받은 사람은 못될 것이다. 선비는 지조가 있고 절제와 균형을 갖춘 인물이다. 나는 품위는 못 갖춘 것 같다. 영주의 소수서원, 혹은 안동의 도산서원에 가면 더 그런 마음이 될 것 같다. 숙연히 반성의 마음으로 오늘의 길에 나섰다.

이 길을 선비가 지나갔고 평민이 걸어갔다. 조선시대 장원급제의 꿈을 안고 죽령옛길을 걸어갔던 서생도 있었을 것 같다. 선비와 평민을 가르는 것이 올바른 건가 잠깐 생각해본다. 조선시대는 철저한 계급사회였다. 어떤 계급이든지 길을 걸어야한다. 고귀한 신분의 사람은 가마를 타겠지만. 짐 보따리를 들고 장사하러 고개를 올라간 이도 있을 것이다. 결혼을 위해 이 길을 걸어간 처녀도 있지 않았을까. 신분제 사회가 폐지된 지 꽤 오래되었다. 현대에 우리는 건강을 위해, 혹은 과거 유적지의 명소에 대해 알고 싶어서 걷고 있다. 둘레길 탐방 명목으로.

멍석이 깔린 듯한 길도 이어진다. 둘레길 명칭은 많이 있다. '산소길'은 손꼽을 정도로 멋진 네이밍이다. 독특하고 특별한 길 이름이 산

하를 뒤덮을 것 만 같다. 수타사 산소길을 걸을 때 이름이 주는 맑음, 깨끗함, 청량감을 느꼈다. 솔직히 폐가 깨끗이 다 청소될 것만 같은 마음으로 걸었다. 죽령옛길을 걸어가면서 산소길을 생각했다. 길 이름이 얼마나 좋은가.

죽령옛길은 처음에는 내려가기에 조금 불편한 좁은 길이었다. 점차로 조금씩 넓어지기 시작했다. 이 길은 길지 않고 2.1km로 조성되었다. 옛길, 예스럽고 고전적이고 전통적인 느낌이 물씬 풍기는 이 길에서 깊은 호흡을 가다듬는다. 역사의 시간을 생각했다. 역사가 달려오는 듯하다. 많은 이의 일상의 이야기가 존재한다. 애처로운 삶의 사연도 있을 것이다. 봇짐을 지고 걸어가면서 무슨 대화를 했을까? 임금에 대해, 자식에 대해, 혹은 탐관오리에 대해 이야기를 나누었을지 모른다. 아픈 가족사에 대해, 삶의 고단함에 대해, 미래의 희망에 대해, 그리고 장원급제의 꿈을 속삭였을 수도 있다.

　소백산 자락길 이정표를 만났다. 소백산 국립공원의 한 자락이다. 小白山, 영주와 단양의 경계에 걸쳐있는 이 산에 온 것만 하더라도 기쁜 일이다. 비록 소백산 정상에는 가지 못하지만, 그래도 괜찮다. 자락길이지 않는가. 눈을 들어 소백산을 바라보았다. 소백산에 온 적이 없다. 처음 본 소백산이다. 고등학교 국토지리 시간에 소백산에 대해 들었을 것이다. 어려운 과목이었다. 공간 감각이 부족한지 지역, 경계, 공간을 이해하기가 쉽지 않았다. 지명을 찾는 것도 서툴렀다. 그런데 먼 훗날 나의 저서 중 하나의 제목은 "러시아 역사와 공간: 경계에서 변경으로"(2024년 민속원)이다. 러시아 공간에 관한 내용이다.

처음 당도한 곳은 정겹고 설레임이 있다. 도달하지 못한 곳은 늘 미스터리이다. 마음이 푸근해진다. 처음 왔다는 사실이 행복하다. 처음 가 본 곳은 늘 흥분이 된다. 소백산 정상에도 올라가고 싶다. 저 이름 小白 단어가 좋아서 언젠가는 올 것이다. 오르지 못한 곳도 많고, 당도하지 못한 곳도 많다. 어쩌면 아직 가보지 못한 장소가 너무나 많아 매우 신나는 일이다. 언젠가 갈 수 있기 때문이다. 한 번도 가지 못한 곳은 꼭 가고 싶어진다. 신나는 일이다. 어느 가수는 기다림은 허무함이 될지 모른다고 노래했다. 그렇지만 우리는 아름다운 대한민국 강산에 가는 기다림으로 기쁠 것이다.

조상의 옛길을 음미하고 즐기면서 걸어가고 있었다. 조선의 선배들이 만든 길이다. 그들의 옛길이었고 삶을 이어가기 위해 사용한 길이었다. 위를 쳐다보았다. 쭉 뻗은 나무가 하늘을 바라본다. 나무가 빼빽한 곳에는 폐로 신선한 공기를 보낼 수 있을 것만 같다. 하늘로 솟아 오른 나무에 감사하고, 이 나무 밑에서 또 머물고 싶다.

조선 사람들도 나처럼 하늘을 바라보면서, 이 고갯길을 지나갔을까? 천고(千古)의 시간을 지나 조선, 대한제국, 대한민국을 거쳐 많은 이가 걸어간 이 길은 죽령의 자존심으로 우뚝 서 있다. 죽령옛길은 옛길의 이정표이다. 옛길은 예스럽게 모든 세대에게 흘러가리라.

하늘을 올려다보고 깊은 숨을 내쉰다. 주어진 삶에 최고의 가치를 드리고 싶다. 이 따뜻하고 기품 있는 하늘 아래에서 삶의 책무를 회피하지 않아야한다는 다짐을 가져본다. 옛길, 다시 돌아오지 않을 삶의 시간이다. 꿈을 꿀 수 있는 장년의 시간이다. 무엇인가 할 수 있다는 간절함의 염원이다.

오솔길을 만나면 마음이 울컥거린다. 매력적인 길이다. 마음 속 깊이 외침이 들려왔다. 나이를 먹으니 등산보다 고갯길, 오솔길, 숲길, 마을길, 바닷길을 걷는 분위기에 더 끌린다. 건강과 무릎이 허락한다면 앞으로도 등산을 할 것이다. 민족시인 이상화의 시 '빼앗긴 들에도 봄은 오는가'가 생각났다. 고등학교 국어 책에 지문으로 나왔던 것 같다. 고교 시절 민족 교육을 받았다. 민족주의를 교육받은 것 같지는 않지만, 민족이라는 단어는 기억에 남는다. 일본에 저항한 시는 심금을 울린다. 민족의 시이다. 역사적 저항의 시이다.

필자는 중앙아시아의 민족 정체성, 민족주의에 관련된 논문을 여러 차례 쓴 바 있다. 민족은 특정 국가를 설명하는 필수 구성 요소이다. 민족은 공동의 역사, 문화, 언어, 생활 습관이 있다. 대한민국은 한민족으로 구성되어 있다. 배타적이라는 말은 듣지만, 세계사에서도 매우 특이하고 독특한 민족 형성을 이루고 있다. 한민족은 특별한 민족 단위이다.

"나는 온몸에 햇살을 받고, 푸른 하늘 푸른 들이 맞붙은 곳으로,
가르마 같은 논길을 따라 꿈 속을 가듯 걸어만 간다."

첫 번째 시의 일부분은 알고 있는데, 전체를 알지 못해 인터넷 검색을 해보았다. 이상화는 감옥에서 안타깝게 순국했다. 나는 그처럼 강력한 민족주의자는 아니다. 죽령 옛길을 걷는데 왜 이상화의 시가 생각났을까. 소백산 자락길에서 하늘로부터 햇살을 받고 걷는 것처럼 느꼈다. 아련히 꿈을 꾸며 걸어가는 환상이다. 그래서 그의 시가 떠올랐나 보다. 온몸에 햇살을 받고 푸른 들이 있는 곳으로 걸어가듯이. 그는 조국 해방을 위해 꿈을 꾸고 걸었다.

대구근대화거리의 초입에 이상화 시인의 고택이 있다. 자신의 목숨을 초개처럼 버린 민족의 아버지들이었다. 나와는 생각과 목표가 다른 훌륭한 시대의 선각자이셨다. 목숨을 두려워하지 않고 강력한 역사 인식을 지니셨다. "나는 케네디 대통령이 될 수 없지만, 케네디

와 같은 대통령을 뽑을 수는 있다"라는 유명한 영어 문장이 있다. 나는 이상화 시인이 될 수 없지만, 이상화 시인을 존경하고 추앙할 수 있을 것이다.

어느새 그런 동일한 마음으로 걸어가고 있었다. 감정 이입이었다. 그는 조국의 해방을 위했고, 나는 삶 위에서 길의 의미를 알고 싶어 길을 나섰다. 그런 격차가 있지만, 온몸에 햇살을 받는 기분을 동일하게 느꼈다. 가능하다면 그의 시를 생각하고 조국, 해방, 청년 시절에 대해 알고 싶었다. 그의 뜨거운 조국애는 무엇일까? 그의 꿋꿋하게 생긴 눈빛을 본다. 눈시울이 붉어진다. 시인의 생애를 생각하니 속 깊은 곳에서 감정이 솟아오른다. 나의 할아버지 세대, 나의 선배 세대, 조국의 시인이며 조국의 남아이다.

가르마 같은 논길은 어떤 길일까. 논길, 일상생활의 삶이 있고, 개간이 있고, 개척자적 심정으로 살아야만 쌀을 얻을 수 있는 그런 논밭길인가. 죽령 옛길을 걷다가 조국의 시인을 잠간이라도 생각한 것이 감사할 따름이었다.

　나무가 아름다이 아롱지어있다. 명산 중에서 가지 않은 산이 너무나 많다는 생각이 들었다. 강의하고 여러 저서와 논문을 출간하느라 바빴다. 둘레길을 걷는 것도, 등산도 생각을 거의 하지 못했다. 시간을 낼 수조차 없었다. 둘레길, 산악회를 알지 못하고 살아왔다.

　필자의 학문 영역은 러시아, 중앙아시아, 코카서스 등이다. 러시아 역사를 전공했지만, 지역학 연구자로 유라시아의 다양한 지역을 연구했다. 코카서스 산맥에 가보았다. 2013년 겨울이었나. 아르메니아를 방문하던 해였다. 아르메니아-아제르바이잔이 전쟁한 '나고르노 카라바흐' 지역에 후배 박사와 함께 갔다. 1991년 양국은 이 지역을 놓고 전쟁을 벌였다. 그곳은 위험지역으로 외교부 방문 금지 지역이다. 학술적 필요성이 있어 그곳에 갔다. 겨울이었다. 택시를 대절해 코카서스 산으로 가고 있었다. 눈으로 가득 찬 코카서스 산은 절경이었다. 나는 생각했다. 코카서스 산맥에 비해 대한민국의 산도 그만큼이나 아름답다. 뒤지지 않는다.

가끔 가을은 침묵의 소리로 다가온다. 사이먼&가펑클의 그 유명한 노래인 'sound of silence'가 들려오는 듯하다. 감미로운 가사이다. 침묵의 소리는 옛길의 정적에 감추어 있다. 산소를 들이켰다. 침묵의 시간이다. 나무가 주는 삶의 유익은 그 수를 셀 수 없을 만큼 많다. 나무의 건강성, 생명성을 생각해 보라. 침묵 속에서 가을의 추억을 기억한다. 70년대와 80년대 청춘의 기억이 소리 없이 들려온다. 박은옥의 노래를 생각하자. "다시 첫차를 기다리며." 버스를 타고 영주로 왔다. 매연, 시끄러움, 비난의 소리가 가득한 대도시를 벗어났다. 도시를 아름다운 시로 표현한 명시가 많다. 오늘만큼은 첫차를 타고 수려한 죽령 옛길, 소백산을 만나고 싶어 왔다고 이야기하자.

돌이, 벽이 마음 안으로 밀려 들어왔다. 무언가 원시적인 그 어떤 사물처럼 다가왔다. 향토적, 시원(始原)의 시간을 가로질러 저 너머 어디엔가 있을 시간의 창조자처럼, 천연적, 혹은 인공적 벽을 만든 손길도 부드럽다. 위대한 문학가의 소설을 읽고자 하는 열망이 있다. 몇 년 뒤 퇴직한다면 책을 많이 읽고 싶다. 약간 엉뚱한 생각도 한다. 소설 창작에도 도전할까 하는 마음이다. 그건 정말 쉬운 일이 아니다. 도전의 측면에서 충분히 고려는 할 수 있겠다. 몇 년 전 50대가 끝나던 그날, 즉 59세가 끝나던 날, 소설의 첫 번째 문장을 썼다.

길을 걸어가니 영주 사과가 아름답게 열린 과수원을 통과했다. 어릴 때부터 경북에 살아서 그런지 대구 사과, 청송 사과, 영주 사과에 대해 들어보았다. 가장 좋아하는 과일은 사과이다. 대구로 대변되는 사춘기 시절은 무언가 그리움이 가득하다. 그래서 나는 고1, 고2학년 때인 1970년대를 가장 좋아하고 있는지도 모르겠다. 순수성이 최고조의 시기였다. 침해받지 않았던 내 영혼의 아름다움과 순수성이었다.

러시아 문학은 청년 시절 필자의 인문적 성격 형성에 결정적 영향을 미친 것 같다. 대학 1학년을 마치고 군대 입대를 앞두던 1982-1983년 겨울 톨스토이의 '전쟁과 평화' 전집 5권을 읽던 기억이 새롭다. 러시아 소설을 읽으면서 인문학적 감성이 새록새록 돋아났고 러시아 문학을 향한 애정은 삶의 여정에 결정적 영향을 미쳤다. 지금도 러시아와 관련된 직업을 가지고 살아가고 있다. 러시아 문학에서 휴먼, 인간성, 따뜻함을 배웠다.

　러시아는 공부할수록 그 어떤 매력이 있다. 필자는 역사학 박사 학위가 있고 러시아, 유라시아 역사 및 지역학 관련 연구를 많이 했다. 개인적으로 러시아 문학에 관심이 많다. 학교의 러시아 역사 수업 시간에도 러시아 문학 이야기를 곁들여 많이 하는 편이다. 역사를 올바로 이해하기 위해 러시아 지식인의 문학 이야기는 필수적인 주제이다. 러시아 문학 속에는 인간에 대한 따뜻한 사랑, 인류의 보편적 가치가 살아 움직이고 있다. 필자는 그런 관점에서 러시아 문학 가치를 높게 평가한다. 역사적, 철학적 보편성을 띠고 있기 때문이다. 눈이 시리도록 아름다운 소설 이야기를 만들고 싶다. 위대한 러시아 소설의 가치를 조금이라도 맛보아서 그런지, 도저히 그런 격조 높고 보편성이 가득한 글을 따라갈 수 없다는 생각밖에는 들지 않는다.

희방사 폐역

희방사 폐역에 도착했다. 죽령 옛길 끝에 희방사가 나온다. 한국인은 폐역에서 사진 찍는 것을 좋아한다. 최근의 트렌드이다. 필자도 무언가 새로운 전기를 마련하고 싶을 때, 혼자 차를 몰고 폐역으로 떠나는 것을 좋아한다. 집에서 멀지 않은 양평에 폐역 '구둔역'이 있다. 가끔 그곳으로 혼자 갔다. 언젠가 가족이 함께 간 적이 있다. 팔당 조안면에 폐역인 능내역이 있다. 그곳에는 수도 없이 많이 갔던 것 같다. 근처에 마재 성지가 있다. 그 근처에 정약용 유적지가 있다. 필자의 이름은 정세진, 한문으로는 丁世眞. 정약용(丁若鏞) 선생님은 선조이다.

사람들이 폐역에 가기를 좋아하고 폐역에서 사진을 찍고 싶어 하는 이유는 무엇일까? 그 질문은 우리는 무엇을 추구하며 살아가는 것일까 하는 질문과도 일맥상통한다. 행복? 안정? 혹은 그 무엇일까? 아직 남아있는 미래의 삶을 무엇에 투자하며 살아야할 것인가는 여전히 숙제이다. 퇴직을 하고 나면 막연히 무엇을 할 것인지 생각한 것이 있지만, 그대로 실현될지는 의문이다. 여러 변수들이 등장할 수 있기 때문이다. 건강, 재정, 그리고 미래의 삶의 목적 등에 따라 하고자 하는 일은 바뀔 수 있을 것 같다.

　희방사 역 내 예전 사진들이다. 봄인지, 혹은 가을인지 모르겠지만, 어떻든 계절이 복합적으로 엉켜있는 것 같다. 봄 혹은 가을의 느낌이 난다. 봄이 오고 가는 소리, 봄의 소리였다. 가을이 오고 가는 소리. 가을의 소리였다. 희방사 폐역에 처음 왔다. 처음 당도한 곳은 늘 설레는 마음이다. 나이를 더 많이 먹거나, 추구하는 생의 가치가 사라지거나, 건강의 문제로 어떤 일에 집중하지 못할 때가 온다면, 폐역에 와서도 특별히 감흥을 못 느낄 수 있다. 그러나 아직 이 폐역을 조금은 찬탄의 마음으로 바라보고 있다. 건강과 살아있음을 증명하는 순간이기 때문이다.
　이 지역은 무쇠달 마을로 불렀다. 굴다리 안에 터널이 있었다. 철길, 터널, 옛길에 추억이 서려있다. 여고생의 까르르 웃는 소리가 터널에서 들려오는 것 같다. 저 길에서 마치 어린 아이가 역으로 달려오는 모습이 연상되는 듯하다. 목을 받치고 저 철길 너머 누가 올 것인지 내다보는 사람도 보인다. 사연을 안고 기차역에서 유년, 소년, 청년의 시간을 보내고 이제는 장년이 되어 지긋한 마음으로 철길을 바라보는 정다운 모습이 오버랩된다.

이 역에도 수도 없이 많은 이야기, 전설, 신화가 있다. 역에서 마음을 졸이며 애태웠던 사랑의 감정도 많았을 것이다. 사랑하는 가족, 연인을 기다리는 일도 있었을 것이다. 폐역에 서니 왠지 이 계절을 그냥 떠나보내고 싶지 않은 그런 감정이다.

부석사

폐역에서 버스로 25분 정도 달려서 부석사에 들렀다. 주차장에서 부석사까지 500미터정도이다. 부석사는 경상북도 영주시 부석면 소백산 국립공원의 봉황산에 위치하는 사찰이다. 신라 문무왕 16년 (676년)에 의상대사가 왕명을 받고 건립한 화엄종(華嚴宗) 사찰이었다. 나는 어릴 때부터 부석사에 대해 자주 들었다. 경북 출신이어서 그런지도 모르겠다. 항상 영주 부석사라고 불렀다. 오랜 세월이 지나 드디어 이 부석사에 오게 되었다. 그런 생각을 하니 지나간 시절이 아쉽기도 하고, 왜 이제야 이곳에 오게 되었는지 하는 복잡한 감정까지 들었다.

부석사로 올라가는 길이다. 부석사에 이르기 전 300미터 정도 노란 은행나무가 펼쳐져 있다. 부석사 초입에 의연하고 고적하게 서있는 나무이다. 영원히 이 부석사를 지켜줄 듯 웅대한 나무이다. 나무를 바라보면서 감정이 고양되었다. 이 자리에 서있는 것이 얼마나 고마운 일인가. 10월의 가을, 단풍 여행을 온 듯한 착각이었다.

사찰에 오면 아버지가 생각난다. 어릴 때 아버지의 사진첩을 본 적이 있다. 군대 사진도 있었고, 6.25전쟁 때의 사진도 있었다. 사찰이 자주 등장했다. 그때 국내 여행지를 갈 때 어른들은 양복을 입고 찍은 사진이 많았다. 여행을 가는데 양복을 입고 있다니. 그 시절은 그랬나 보다. 여행을 갈 때에 어디 특별한 행사에 참석하는 것처럼 양복을 입는다. 우리는 세련된 아웃도어를 입고 이런 곳을 찾아가지만. 혹여 아버지께서 부석사에 오셨더라면, 그분도 이 나무를 보았을 텐데 하는 마음으로 나무에 대한 고마움이 강렬히 생겼다. 나무들이여 영원하여라.

(사진제공: 백우종님)

아버지 전상서를 올리고 싶다. 아버지는 단풍 여행을 몇 번이나 경험해 보았을까? 동해의 먼 바다에서 어디로 단풍 여행을 갔을까? 부석사에도 가보셨을까? 그 사진첩은 이제 잘 보이지 않는다. 그러니 아버지의 추억도 사라지는 듯했다. 내 사진첩에는 아버지 사진이 아주 소수가 남아있다. 돌아가시기 직전의 사진들이다. 아버지가 그립다. 지난여름 구룡포 방파제에서 아버지를 기억하며 뜨거운 눈물을 흘렸다. 가을에 부석사에 오니 또 어김없이 아버지 생각이 났다. 마음속에 눈물을 흘리면서. 나의 시대는 그래도 얼마나 행복한 시절인가. 마음만 먹으면, 아니 조금만 시간을 내어도 아름답고 깨끗하고, 한없이 맑은 공기를 마시는 이 공간으로 올 수 있지 않은가.

아버지 세대는 생업에 종사하느라 제대로 여행도 못했을 것 같다. 한번 씩 가셨던 여행은 얼마나 행복한 일이었을까. 그때는 대부분 45인승 버스를 대절해서 여행을 갔었다. 필자는 이 부석사에서 아버지 세대를 기억했고, 아버지 세대의 지난(至難)한 삶을 생각했다. 나의 세대는 아버지를 기억하는 세대이다. 아버지가 남긴 유산에 의해 살아간 세대이다. 아버지 때문에 나는 대학 교육까지 받았다. 그러니 마음 깊은 곳에서 울음이 나오는 것은 당연한 사람의 도리이다.

이제 나의 두 딸, 자식 세대는 아버지인 나를 오랫동안 기억해 줄까? 모르겠다. 그럴 수도 있지만, 안 그럴 수도 있다는 두려움, 불안감이 엄습한다. 어쩌면 나는 옛날 사람, 옛날 시대, 아버지 시대의 생각을 하는 고리타분한 사람일지도 모른다. 그래도 좋다. 지나간 아버지 세대를 기억하는 마음이 여전히 내 가슴 속에 남아있다는 사실이 감사하고 행복하다.

(사진제공: 백우종님)

부석사 쪽으로 올라갔다. 행복하면서도, 기쁘면서도, 마음속에는 서글픈 감정이 올라온다. 나의 이 행복은 무엇인가. 나의 세대는 생각하기에 따라 얼마나 행복한 세대인가. 아버지세대와 동일하게 처자식을 위해 살아간다고 분투를 했지만, 그래도 예전 시대와 비교해서 이건 괜찮은 거다.

무량수전에 올라와서 아래를 보았다. 아름다운 조선의 건물이다. 어릴 때부터 이 사찰에 대해 들어본 바가 많다. 부석사 무량수전에 대해서도 여러 번 들었다. 기억 속에도 많이 남아있다. 아마 고등학교 국사 시간에 배웠든지 그랬을 것이다. 무량수전까지 올라와서 아래를 내려 보았다. 모든 건물이 완벽한 비율로 위치해 있다. 완벽한 정형미이다. 무엇이라 말하기 어려운 놀라운 절제미, 조형미가 녹아있다. 바람이 조금씩 불어오고 있었다. 깊어가는 가을, 이 조형미를 보면서, 마음속에 어떤 정형화된 예술미를 느꼈다. 조국의 세련된 예술의 미를 느꼈고, 훨씬 앞서 살아갔던 선조의 예술 감각을 배우고자 애썼다.

소수서원 (사진제공: 백우종님)

　이제 부석사를 나와 준비된 버스를 타고 마지막 방문지인 소수서원으로 갔다. 소수 서원에 머물 수 있는 시간은 약 1시간 남짓 정도였다. 서둘러 소수서원의 이곳, 저곳을 둘러보아야한다. 소수 서원은 조선 최초의 서원이다. 2019년 유네스코 세계유산에 등재되었다. 유네스코에 등재된 한국 서원은 총 9개이다. 그 중 가장 유명한 곳이 소수서원과 안동도산서원이다. 필자는 예전에 소수서원도 안동에 있는 줄로 알았다. 안동에 가면 소수서원과 안동서원을 동시에 방문할 수 있다고 생각했다. 이번에 필자는 한국사를 많이 모른다는 생각이 들었다. 한국사 일타강사에게 역사를 배워야하는 것인가.

    소수서원은 성리학을 활짝 꽃피운 사학의 전당이다. 조선시대는 성리학, 즉 주자학이 융성하였다. 명분이 매우 중요하다. 고려 시대에는 양명학이었다. 실천을 더 중요시 여겼다. 조선시대 서원은 사립고등교육기관이다. 이 기관에서 훌륭한 학자, 선비들이 많이 배출되었다.

소수서원 박물관

소수서원 맞은편에는 소수서원 박물관과 선비촌이 있다. 박물관으로 걸음을 옮겼다. 눈에 띈 것은 소수박물관의 상설전시관이었다. 2024년 12월 31일까지 기획전시실에서 특별기획전으로 혼례, 즉 결혼 전시를 하고 있었다. 전설적인 홍콩 영화 '화양연화'의 이름을 빌려왔다. 양조위, 장만옥 주연의 이 영화는 한때 영화평론가들이 꼽은 21세기 최고의 영화 2위에 선정된 바 있다. 필자는 홍콩 배우 중에서 양조위를 가장 좋아했다. 그의 영화 대부분을 보았다. 이 영화를 흥미롭게 본 것은 사실이다.

영화가 상영되던 그때는 미혼이었고, 그 영화를 깊게 이해하기 힘들었다. 그런 주제는 세상사에서 자주 일어나는 일이므로 낯설지 않았다. 살아오면서, 점차 영화의 의미에 대해 조금씩 이해하기 시작한 것 같다. 처연하고 슬프지만, 홍콩식 사랑이거나 인간의 보편적인 삶의 형태를 적나라하게 보여준 영화일 수도 있다. 왜 그런지는 몰라도, 이 특별기획전에는 그 영화 제목을 차용해서 전시를 하고 있었다.

　혼례에 관련된 전시가 많았다. 일일이 사진을 올릴 수는 없지만, 매우 특이하고 조선 혼례에 관련된 많은 의복이 있었다. 조선식 결혼에 대해 필자도 정확히 잘 알지 못한다. 이 전시장에서 혼례 의복을 보니 조선의 사랑에 대해 생각해본다. 이 시대는 연애결혼이 거의 이루어지지 않았던 시절이다. 정혼이 많았으며, 인간의 고유한 감정을 가지지 못한 채로 혼례를 올렸을 것이라고 짐작한다. 조선 혼례에 관한 논문과 저서 등을 읽으면 많은 정보를 얻을 수 있겠지만, 그 시대를 살지 못한 나로서는 조선의 결혼이 궁금하다는 생각이 들 수밖에 없다.

　소수박물관 내부에 들어갔더라도 시간이 충분치 않아 상세히 살펴보지를 않았다. 박물관 내부의 '선비의 일생' 코너는 매우 특별했다. 선비는 지금 같으면 어떤 계급, 신분일까? 아마 엘리트 그룹이다. 엘리트는 가끔 특별 계층에 속하는 의미 같아 어감이 그렇게 썩 좋지는 않다.

그런데 엘리트가 가지는 사회적 의무 등을 생각해보면 엘리트가 사회에 선한 영향력을 줄 수 있다는 점에서 그 정당성이 확보될 수 있다.

선비라고 하면 어떤 고결한 성품을 지니고, 지성미를 갖춘 고고한 사람에게 수여되는 것이 아닐까 한다. 설명문에는 선비는 "학식과 인품을 고루 갖춘 사람에게 부여되는 호칭"이라고 적혀있다. 예전에 선비가 되는 길은 쉽지 않았다. 지금도 엘리트가 된다는 것은 어려운 일이다. 그리고 책무를 완수하는 것은 더더욱 힘든 일에 속한다.

고개가 숙여진다. 조선에서 선비가 되는 것은 어려웠다. 현대에도 선비 같은 사람이 된다는 것은 엄청나게 많은 노력이 필요하다. 내부에 조선의 집을 상징한 조형물 집이 있었다. 여러 가지로 흥미로웠다. 선비가 거닐고 있는 저 곳은 냇가 같지만 강을 연상시킨다. 풍류의 삶을 살아간 그들의 모습이 그려진다. 선비와 서당의 제자가 개울가를 건너면서 학문의 세계에 대해 논하고 있는 듯하다.

필자도 운이 좋아 배움의 세계에서 한동안 시간을 보냈고, 지금은 가르치는 입장에 있다. 배우는 위치이든, 가르치는 입장이든, 이 사회에서 어떤 특혜를 받고 살아왔다. 선비가 될 그런 자질은 아니지만, 그래도 책을 읽고 학문을 직업삼아 이렇게까지 왔으니 감사한 마음이다.

박물관을 나와 근처의 '선비촌'으로 향했다. 소수서원은 선비촌으로 유명하다. 고택을 많이 보았다. 일일이 모든 고택에 다 들어가지 않았다. 그래도 좋다. 2-3개의 고택에 들어갔지만, 선비의 삶을 느꼈다. 자신이 선비가 된 것처럼 그 집 안에 잠시 있어보았다. 엄격하게 내 자신을 생각해보면, 나는 조선 시대에 살아도 선비가 아니었을 것 같고, 지금도 선비와 같은 삶을 살고 있지 않은 것 같은 위기의식을 강하게 느꼈다.

학식의 범위는 전공 범위에 국한되는 경우가 많다. 현대 학문의 영역은 워낙 다양하다. 러시아 인문학과 지역학 전공 분야에서 선비의 형태를 조금 갖추었을지 모른다. 그럼에도 불구하고 필자는 인품에서 낙제점을 받을 것이 뻔하니 선비가 될 수 없는 인물이다.

소수서원 선비촌

학식과 인품을 고루 갖추고 있는 것인가 하는 대목에 마음이 걸린다. 동료와 타인으로부터 착하다는 평가를 가끔 받았다. 그렇다고 그들은 나의 인품이 훌륭하다고는 평하지 않는다. 학문 세계에서 인정을 받고 있는지도 의문이다. 고고함으로 대변되는 선비의 삶을 갖춘다는 것이 앞으로도 불가능한 것은 아닌가 하는 마음이 든다. 그래도 학문의 세계에서 직업을 가지고 지금까지 매진해왔다. 감사하고 기쁘게 받아들이자.

소수서원

박물관과 선비촌을 거쳐 유생들이 공부한 장소인 실제적인 소수 서원으로 왔다. 그렇게 넓지 않았다. 잠을 어디서 잤을까 하는 의문은 들었다. 공부방도 크지 않았다. 아주 많은 유생들이 있었던 것은 아니었을 터. 화려한 건물도 아닌 바로 이 작은 방에서 성리학은 집대성되었다. 보존되는 서원의 건물 이름을 한없이 불러보고 싶었다. 학문 정진을 위해 고결하게 공부를 한 선비의 삶과 그 노력이 학문의 세계에 머물고 있는 필자에게로 전해지는 듯하다. 인터넷도 없던 시절, 그들은 오직 일정한 책과 자료만 가지고 연구했을 것이다.

AI 시대에 당시의 연구 환경을 생각한다면, 아이러니한 마음이 많이 들었다. 그들은 일부의 자료에 의존하여 우주의 세계로 나아갔다. 연구에 연구를 거듭했다. 강의 시간에 국내 대학원생들이든, 해외 대학원생들이든, 이 분야를 그렇게 많이 알고 있는 가 의심이 될 정도로 PPT를 잘 준비해서 발표하는 경우가 있다. 누군가 그랬다. 그들 중 몇몇은 AI로 PPT를 만들고 그랬을 것이라고. 시대의 변천에 따라 공부 방식도 많이 달라졌다. 챗 GPT, Gemini 등 다양하게 자료를 얻는 AI 기술이 많이 발전했다. 필자는 '구글 코리아' 사장을 개인적으로 알고 있다. 그분의 권고로 Gemini를 사용하고 있다. 그리고 '노트북 LM'을 사용한 적도 있는데, 이런 기술 세계를 두려워하고 컴맹인 필자도 활용하는 것을 보면 AI는 점차로 보편화되는 것 같다.

　이 서원의 공부 장소는 '강학영역'이다. 지락재, 학구재, 일신재, 직방재, 강학당, 장서각 등 6개로 구성되어 있다. 처음 서원에 들어와 공부를 시작한 이들은 지락재와 학구재에서 공부했다. 일신재, 직방재는 그 위의 등급이다. 이들은 학문의 세계, 우주의 세계를 탐구했다. 현대인처럼 오래 산 사람들도 아니었다. 진정한 학자들이다. 필자는 이들에 비해 보잘 것 없다. 개인적으로 박사학위를 받고, 열심히 연구를 했다고 생각했다. 겸손한 표현인지는 모르지만, 필자는 스스로를 학자라고 부르지 않는다. 연구자라고 불렀다. 학자는 특별한 연구자이다. 필자는 그런 경지에 올라가 있지 않다.　이곳에 오니 소수서원 학자처럼, 선비처럼 의연하고 인내하고 꿋꿋하게 연구한 그들의 학문 세계를 존경하는 마음이 들었다. 여러 가지 반성을 하는 계기가 된다.

진실을 다해 나의 학문에서 최선을 다했던가. 이 선비들에 비하면 초라해지는 나 자신을 발견한다. 선비의 마음을 알 수 있을까. 내가 그들의 옷자락도 만질 수 있는 그런 사람이 될 수 있을까.

소수서원에서 외롭고 힘든 학자의 길을 걸어간 선비들의 삶을 보았다. 따라갈 수 없는 아름다운 유생, 선비의 삶이다. 그들은 왜 학문의 길을 선택했을까? 양반 가문에서 태어난 후손들이었을까? 부모님이 공부하라고 해서 선택한 길일까? 아니면 스스로 선택한 공부의 길이었을까? 불현듯 삶은 선택이라는 마음이 들었다. 현대적 삶은 선택이다. 선택을 하면 또 그 선택에 맞는 합당한 길이 발견된다. 완벽한 선택은 없더라도, 한번 선택한다면 그 길을 가야한다.

필자가 기자로 재직한 한국경제신문사는 1990년대 정확한 연도는 기억이 나지 않는데, 노벨상 수상자들을 한국으로 초청한 적이 있었다. 그 분들 중에서 지금도 내 기억에 남는 분은 이탈리아 국적의 나이 많은 여성이었다. 노벨 의학상을 수상한 것으로 기억나는데, 그 분이 인터뷰했던 내용 때문이었다.

그 분은 대학원 진학을 할 때 의학과 문학 중에서 무엇을 선택해야 할지 깊게 고민했다고 한다. 결국 선택은 의학이었다. 그 분이 문학을 전공했다고 하더라도 언젠가 노벨 문학상을 수상하지 않았을까 하는 생각이 든다. 선택은 쉽지 않은 결정이다. 시시각각으로 수도 없이 맞이하는 결정의 순간에 무엇이 합당한 길인지 고심해야할 것 같다. 어디로 갈지, 무엇을 할지 결정을 한다면, 그 이후에는 감사하면 되지 않을까?

 도산서원에도 서원둘레길이 있었다. 아. 도처에 둘레길이 있다는 것이 감사하다. '둘레길 인문학'이라는 용어를 과감히 쓰고 싶었다. 소나무 숲이다. 절개의 소나무이다. 선비촌, 소수서원이라 절개의 나무, 소나무 숲이 조성되었나보다. 갤럭시 9로는 사진이 잘 나오지 않지만, 수풀림의 모습에 눈이 간다. 나무에서 산소가 흠뻑 흘러나올 듯, 소나무는 맑고 청량했다. 나무는 나무를 사랑한다. 나무는 나뭇잎을 사랑한다. 나무는 뿌리를 사랑한다. 나무는 줄기를 사랑한다. 노벨 문학상 작가인 한강이 쓴 '채식주의자'에 나무가 등장한다. 작가는 무슨 나무인지를 말했을까? 오래 전에 읽은 소설이라 기억이 나지 않지만. 채식주의자는 나무가 되고 싶었나 보다. 나의 폐에 깨끗한 산소로 가득 채우자. 신선하고 깨끗하고 청명한, 하나의 자그마한 점도 없는 완전무결한 산소를 마시고 싶지 않은가.

소수서원에 은행나무가 있었다. 500년 수령을 자랑한다. 소수서원이 세워진 해는 1543년이다. 아직 소수서원은 500년이 되지 않았다. 이 은행나무는 소수서원이 건립되기 이전부터 역사적 시간을 보내고 있다. 영원할 것만 같은 수백 년의 시간은 서원의 학문의 세계만큼 깊을 것이다. 세월을 넘어, 시대를 넘어, 수많은 제왕의 시간, 조선과 대한제국의 역사의 시간을 넘어 서원은 학문의 중심에서 그 역할을 하였을 것이다.

에필로그

(사진제공: 백우종님)

　마음에 하나의 감동이 울려왔다. 그런데 이런 마음을 글로 표현한다는 것은 얼마나 어려운 일일까? 경상도와 충청도를 경계로 하는 죽령옛길을 걸어 내려가면서 조선의 삶을 생각했다. 장원급제를 하러 올라가던 고개, 봇짐을 지고 장사하러 떠난 평민들, 혹은 보부상들도 있었을 것이다. 아낙네가 결혼을 위해 넘어가던 길이 아니었을까. 소백산 자락길을 걸으면서 이 작고 흰 산의 매력을 느꼈다.

아직 건강하기 때문에 아름다움을 느끼는 것인가. 옛길을 걷다보면 종종 등장하는 폐역이 이곳에서도 있었다. 지금은 역 주위로 자그마한 마켓이 들어서고 상업적인 냄새도 났지만, 이는 작은 일에 불과하다. 정교하고 가지런하고 비율의 완전성이 있는, 우리의 사찰 부석사의 장대함을 느낄 수 있었다. 부석사 초입에서 그 위용을 자랑하는 은행나무의 모습도 가을의 계절을 아름답게 만들었다.

10월이 지나가고 있었다. 10월에는 어떤 멋진 노래가 있을까? 역시 '10월의 어느 멋진 날에'이다. "휴일 아침이면 나를 깨우는 전화." 만약 휴일 아침에 나를 깨우는 전화가 없다면, 인간관계를 잘못한 것일까? 죽령 옛길을 걸으면서 제대로 된 깨달음의 삶을 살고 있는지 명상의 시간을 가져보았다. 10월의 어느 멋진 날, 바리톤 김동규의 노래라도 들어야할까. 아니다. 그렇지 아니하더라도, 영주에서 10월의 어느 멋진 날을 경험하였다. 생애의 하루를 행복한 시간으로 보냈다. 그러면 된 것 같다. 또 다음 날은 무엇이 기다리고 있을까.

10월의 어느 멋진 날, 살아가는 이유, 꿈을 꾸는 이유가 무엇일까? 사랑하는 가족일까, 아니면, 이 아름다운 가을일까. 혹은 옛길을 걷고 오솔길을 내려오면서 느끼는 가을 햇볕이었을까? 아직 꿈이 있다고, 아직 시간이 남아 있음에 행복해하는 마음속의 외침일까? 감성의 눈물이든, 지난날의 그리움이든, 미래에 다가오는 작은 행복이든, 무엇이든 좋다. 이 하루의 시간, 내가 존재하고 있다면 그것이 최고의 행복이고 감사이다. 누군가와 더불어 살아간다면 그것도 '브라보'(Bravo)이다.

(사진제공: 백우종님)

Ⅲ.
"내 인생은 아직 정오":
해외 여행지 거리에서 둘레길 인문학을 말하다

오사카 오카와강

13. 봄의 오사카와 교토 거리에서.
"아름다움만을 생각하기에도 생의 시간이 짧다"

일본여행 1일째

2024년 3월 28-31일, 4일간 일본 오사카, 교토를 여행한 기록이다. 기록으로 남기지 않으면 세월이 흐른 뒤에 기억의 뒤안길로 걸어갔던 길과 그 느낌이 사라질 것 같았다. 이번 일본 여행은 가고 싶었다. 오사카는 일제시기 조선인의 애환의 도시였다. 교토는 8세기 헤이안 시대부터 1천 년간 일본의 종교적, 정신적 수도였다. 나라는 헤이안 시대 이전 약 80년 간 일본 수도였다. 오사카에 도착한 그날 오카와 강으로 갔다. 일본에 네 번 정도 왔다. 세 번이 모두 국제학술회의에 참여하는 일이었다. 두 번이 동경이었고 한번은 홋카이도였다. 순수 여행으로는 처음이었다.

오카와 강에 왔는데, 벚꽃이 잘 보이지 않았다. 지난 일주일 간 일본이 추웠나보다. 벚꽃이 피어야 하는 계절이다. 3월 24일이 벚꽃 피는 예상일이었다. 지금은 3월 28일이었다. 벚꽃 일정에 맞추어서 왔는데, 날짜가 맞지 않았다. 벚꽃이 있든 없든 상관은 없다. 오사카에 와보고 싶었기 때문에 이곳에 있는 것 자체가 기쁜 일이다. 오후 3시였다. 약 20분 간 크루즈 배를 탔다.

오사카성

오사카성에 들어서니 비가 내리기 시작했다. 일본은 비가 많이 내리는 국가에 속한다. 고등학교 때 비 내리는 거리를 바라보는 것이 개인적 취미였다. 사춘기적 감정이었다. 육안으로 처음 보는 오사카 성이었다. 임진왜란을 일으킨 장본인인 도요토미 히데요시가 거주한 성이다. 오사카성의 역사적 명물이겠지만, 이 성은 그들의 성이다. 그들의 영혼과 정령이 존재하는 장소가 아닌가. 군사적 모험주의가 발동된 장소였다. 오사카 성의 내부인 '천수각(天守閣)'에는 장수들의 군복과 검이 걸려있다. 지인의 말에 따르면 약간 기괴한 모습이라고 한다. 내부로 들어가고 싶지 않았다. 일본의 군국주의 태도를 보고 싶지 않았다.

이방의 땅에 와서 비가 주는 고적함을 느끼고 있었지만, 군국주의의 망령을 수용하고 싶지 않았다. 여행을 하며 행복한 상상을 하는 것

도 모자라는데, 그들이 범한 전쟁 범죄는 기괴한 역사적 사실이다. 중학교, 고등학교 때 받았던 역사 교육이 있다. 그 교육에 충실한 마음을 가지고자 했다. 오사카 성은 침략자의 영혼이며, 영원히 대한민국을 정복하고자 하던 꿈을 가진 '정한론(征韓論)'의 시작이었다. 조선 침략을 기획하고 생각하고 결정한 장소였을 것이다.

오사카 성에서 나오다가 근처 도요토미 히데요시의 동상에 가보았다. 중앙아시아 도시를 방문할 때마다 역사적 인물이 있는 동상들, 즉 기념비를 많이 주목했다. 러시아 · 중앙아시아가 필자의 전공 영역이지만, 도시에 가면 도시의 기념비가 어떤 역사적 함의가 있는지 살펴본다. 민족 영혼이 서려있기 때문이다. 역사적 영웅, 신화는 기념비를 통해 구현된다. 그의 동상은 일본인의 영혼과 정신을 고양하는 의미로 세워졌을 것이다.

많은 이들이 오사카 성을 배경으로 사진을 찍는데, 동상 쪽으로 많이 오지 않는 듯 했다. 필자도 그냥 지나칠 뻔했다가 발견했다. 동상이 보여 그 쪽 방향으로 가보았다. 그는 조선을 침략한 군국주의자이다. 부국강병이 얼마나 국가를 지키는 강력한 요소가 되는지를 깨닫게 되었다. 저녁에도 비가 내리고 있었다. 원래 비오는 거리를 좋아하기 때문에 예전에 일본 사람을 부러워한 적이 있었다. 한국보다도 비가 더 많이 오기 때문이다.

일본여행 2일째

둘째 날, 오사카에서 교토로 지하철을 타고 떠났다. 오늘은 금각사, 은각사, 철학자의 길, 윤동주 시비가 있는 도시샤 대학을 가고 교토 시내의 야경을 보게 될 것이다.

금각사

오사카에서 기차를 타고 약 40분 가면 교토에 도착한다. 교토의 지하철역인 '시조가와라마치' 역에 내렸다. 시내버스를 타고 금각사로 향했다. 금각사, 은각사에 대해 어린 시절에 대해 들어본 기억이 있다. 초등학교 시절 만화를 통해서 알았던 장소일 수 있다. 혹은 고등학교, 대학 시절 책을 통해 알았을 수 있다. 확실한 것은 어릴 때 일본 만화를 보면서 도쿄에 '긴자'거리가 있다는 사실을 알았다. 그렇게 기억한다. 동경에 가면 꼭 긴자 거리를 가고 싶다는 마음이 예전에 많았다. 만화를 읽으며 느낀 노스텔지어였다. 이국 상상력이 만화를 통해 생성되었다.

예전 도쿄와 도쿄 인근에서 개최된 국제학술대회 일정을 마치고 여러 번 긴자거리를 갔다. 그 거리는 늘 나의 마음속에 있었다. 긴자는 시내 중심가였다. 일본에 자주 가지 않아서 도쿄에 대해서도 잘 알지 못한 상태였다. 고층빌딩이 많았고, 고급 인테리어, 고급 물건을 파는 거리였다. 만화에 대한 추억으로 그곳에 갔다.

금각사 입구에 아이스크림 가게가 나왔다. 많은 사람들이 줄을 서 있었다. 금각사 입구의 상징적인 가게일까? 제일 비싼 아이스크림이 750엔이었다. 한국 돈으로 약 7,000원 정도였다. 가장 저렴한 아이스크림은 종류가 많은데, 모두 400엔 정도였다. 한국 돈으로 3,600원이다. 이 가게를 판다면 권리금을 엄청나게 받을 수 있겠다는 생각이다. 계속 줄을 지어 사고 있으니 얼마나 인기가 높을까.

금각사 입구이다.

내부로 들어가니 금각사가 나왔다. 금각사 아래 정원의 물은 깨끗했다. 더할 수 없이 깨끗한 정원이다. 깨끗이 보존하기 위해 얼마나 많은 정성을 기울였을까? 금각사는 교토 17개의 유네스코 문화유산의 하나이다. 잘 가꾸어진 꽃길처럼 펼쳐진 길, 아름다운 나무가 곳곳에 서있었다. 전 세계에서 가장 많은 사람이 여행지로 선택하는 도시는 로마와 교토라고 한다. 유치 비결이 무엇일까? 하고 생각해본다. 도시의 서사와 이야기를 많이 만들어 놓았을 것이다. 교토가 자랑하는 특성을 서사적으로 잘 표현하면, 많은 관심을 쏟고 여행을 가고자 하는 마음이 생길 것 같다.

천년 고도 경주도 교토만큼의 긴 역사를 지닌다. 경주에는 왜 외국인이 교토만큼 많이 방문하지 않을까 하는 생각이 잠간 들었다. 서울에서 멀기 때문에 그러한 것인가? 교토도 동경에서 매우 먼 거리에 위치해있다. 교토가 방문 유적지가 다양하게 있어서 그럴 수 있다. 교토에 명소도 많지만, 해외에 이 도시를 홍보하는 데 뛰어난 능력을 발휘하지 않았을까싶다.

금각사의 정원은 아주 깨끗했다. 일본 정원을 보면, 일본인은 인공적으로 정원을 잘 가꾼다는 인상을 준다. 금각사의 정원이 그러했다. 엄청난 방문객이 와서 그렇긴 하겠지만, 관리가 완벽하게 작동된다. 이곳에 서니 감개무량했다. 금각사, 은각사를 알았던 때로부터 많은 세월이 흘렀다. 만화에서, 소설에서, 그 어떤 다른 매체를 통해 알았다. 나는 그 장소에 와있다. 타국으로의 여행은 기쁜 일이다. 그 여행지가 회상의 장소라면 더 더욱 그렇다.

용안사:료안지

금각사를 나와 용안사(龍安寺; 료안지)로 갔다. 입구에 들어서니 '석정'(石庭) (Rock Garden) 이정표가 눈에 들어왔다.

정원 앞 방안에는 많은 용이 그려져 있었다. 용안사, 즉 용이 편안하게 거할 수 있는 장소라는 의미일까? 열심히 찾아보았는데, 제 1의 용은 없다. 제 2의 용부터 제 9의 용까지 있다. 왜 1의 용이 없지 하고 궁금했다. 내가 아마 발견 못했을 수 있다. 다른 곳에 있는 것일까. 잘 찾지 못해서 그럴 수도 있다. 다른 분들에게 묻지는 않았지만, 무척 궁금했다. 제 1 용은 또 다른 세계에 있는 것인지, 역시 넘버 1은 특별한 존재일까? 용의 그림이 있는 바닥이 다다미방의 형태이지만 아주 정교하고 질서 있게 배열되어 있다. 완전할 정도로 정돈되고 깨끗한 모습이다.

전세계에서 료안지 정원을 보기위해 온다고 한다. 앞 장의 사진이 바로 료안지이다. 료안지는 물 없이 돌과 모래를 이용해 자연을 표현한다. 많은 사람들이 이 정원에 앉아서 보고 있었다. 약간은 특이하다. 그런데 어떤 분의 설명대로 전 세계 사람이 이 정원을 보러 온다고 하니 의외였다. 그렇게 특별한 정원인가? 세계적 명소가 되었다면, 어떤 홍보 전략도 있었지 않을까 한다.

료안지의 정원이 무척이나 고적하다. 일본식 정원이고 그들의 어떤 영혼이 서려있는 장소이다.

 색채가 바래고 아름다워 보이는 벽 앞에 한참을 서있었다. 어떻게 이런 색깔이 나올 수 있을까. 오랜 세월이 지나 빛바랜 색일까. 벽 앞에서 생각해본다. 가깝고도 먼 나라, 일본에 와있구나. 이 벽을 보는 순간 무언가 기분이 좋아졌다. 이국의 땅이라서 그렇다기보다는 무엇인가 아름다움을 포착하고 싶었다. 그렇게 느끼고 마음이 그것을 담고 있다면 생은 아름다울 수 있다. 어린 시절, 루이제 린저의 소설책이 집에 있었다. 그녀의 책 제목이 너무 멋지다고 느꼈다. "생의 한가운데." 언젠가는 그 책을 읽어야지 하는 결심도 했다. 그때는 소설 의미를 이해하지 못할 것 같아 읽지 못했다.

 생이 지나가고 있는데, 아름다움만을 생각하기에도 생의 시간이 짧다. 미(美)의 세계라고 느껴진 이 자그마한 벽 앞에 머물러 있고 싶었다. 이 색채 앞에서 멍 때리며 한참 있고 싶었다는 사실을 고백한다. 일행이 있었고, 료안지의 통행 지점에 있어 길게 서 있을 수 없었다. 언젠가 다시 올 수 있을지 모르지만, 급하게 사진으로 남겼다. 훌륭한 사진 기술이 있다면 좋겠다는 마음이 간절했다. 동행한 도반 중에 사진을 잘 찍는 분도 없었다. 언젠가 이 사진을 본다면, 당시 필자가 느꼈던 감정이 복원될 수 있을 것인가. 회상은 이방 땅이든, 조국의 땅이든 선하고 아름다운 감정을 소유한 채로 가지고 있다면 어느 경우에도 행복한 순간이 될 것이다.

은각사

금각사에서 택시를 타고 은각사 입구에 다다랐다. 입구에서 살짝 오른쪽으로 가면 그 유명한 '철학자의 길'이 있다. 금각사, 용안사를 보고 이 은각사에 온 것만 해도 감사한 일인데, 철학자의 길도 걸을 것이다. 철학자의 길이 시작되는 곳에서 은각사까지 도보로 5분 정도이다. 먼저 은각사로 갔다.

고교 시절 제 2외국어가 일본어였다. 대구에서 유일하게 일본어를 배우던 고등학교였다. 나는 이때 일본어를 1년간 배웠고, 1989년 삼성전자에 입사했는데, 입사 일주일 전 일본어를 배우라고 해서 지정 학원에 나가서 한 달간 배웠다. 국제학술대회 때 가끔 일본에 갔지만, 일본어를 아주 잘하는 것은 아니다. 다른 사람들이 그렇듯, 일본 소설책은 많이 읽은 것 같다. '무라카미 하루키'의 소설은 많이 읽었다. '무라카미 류'의 소설도 읽었는데, 그의 소설은 기괴한 내용이 많은 것 같았다.

은각사 정원

　가을이면 매년 노벨문학상 후보로 추천되는 하루키의 소설은 특이하다. 그의 소설은 'no border culture', 즉 '국경 없는 문화'의 느낌이 난다. 'no border'는 문화의 보편성, 공동성, 공통성을 의미한다. 모든 일본 작가가 일본 이야기만을 하는 것은 아니다. 그의 소설은 전형적인 일본 소설과 다른 결이 있는 느낌이다. 혹자는 그의 소설에서는 일본 문화를 제대로 느낄 수가 없다고 한다.

　나도 수십 년 전 그의 '노르웨이의 숲', 즉 한국에서는 '상실의 시대'로 번역되었는데, 그 소설을 읽고 깜짝 놀랐다. 이 소설이 일본 소설인가? 누구나 열병처럼 경험하는 성장소설이다. 주인공의 개인적 체험이 있는 것 같은 이 소설은 일본에도, 한국에도 일종의 '하루키' 돌풍을 일으키게 했다. 무려 약 1,000만부가 일본에서 팔렸다고 한다. 나는 얼마 전, 다시 이 소설을 읽었다. 수십 년 만이었다.

　은각사의 놀라운 특징 중 하나는 정원이다. 은각사의 한문은 銀閣寺이다. 일본어는 '긴카쿠지'이다. 일본인은 왜 정원을 아름답게 깨끗하게 유지하기 위해 노력하는 것일까? 관광객 유치를 위해 그렇게 하는 것만은 아닌지도 모른다. 무엇인가 일본 문화 속에 그런 요소가 있어서 그럴 것 같다. 세상의 모든 문화를 다 알 수는 없다. 인터넷을 뒤지고 논문을 찾으면 그런 내용이 나올 수는 있지만, 탈고 안 될 전설처럼 찾지 말고 그저 상상으로만 생각하고 싶다.

　글을 쓰는 순간 전설적인 악단 '폴 모리아'의 '철새는 날아가고(el condor pasa)'를 듣고 있다. 세계의 문화는 나의 큰 관심거리이다. 필자는 그 민족이 자랑하는 그 어떤 대상을 존중해야 한다고 생각했다. 인정하고 넘어가야할 문화의 아이콘이 어떤 국가에서든 존재하게 마련이다.

　은각사의 정원 앞에서 세계의 문화를 알고자 애썼다. 모든 문화의 이야기, 사람 이야기, 인문학 이야기를 귀담아 듣고 싶다. 이제는 둘레길 인문학을 창출하고 귀 기울여 듣고자 한다. 누군가 나를 비판하든 말든, 나의 길을 걸어간다. 좌절과 절망의 소리가 가까운 곳에서 들려온다고 하더라도, 내부의 폭포수 같은 긍정의 에너지로 내적 용기를 발동한다면, 인생은 살아갈 의미가 존재하는 법이다. 무소의 뿔처럼 가라!

철학자의 길

　철학자의 길은 어떤 철학 교수가 이 길로 산책을 자주 했다고 해서 만들어졌다고 한다. 교수의 산책이 관광수입으로, 혹은 도시를 홍보하고 알리는 데 큰 역할을 했다. 필자는 도시 디자이너가 아니다. 도시에 대해 식견이 많지도 않다.

　어느 날 대학교 근처, 민자 역사의 어느 영화관에서 "오늘 밤, 세계에서 이 사랑이 사라진다 해도"의 일본 영화를 보았다. 그 영화 내용이 자꾸 사라져간다. 그래도 일본식 감성 영화에 울었던 기억이 난다. 일본을 생각하면 그런 이미지가 떠오른다. 정원, 공원, 강, 항만, 성벽, 성, 섬, JR, 대교, 외벽 저택, 역, 거리, 참배길, 신사, 잡화점, 예술가, 설치미술, 바다, 미술관 등. 나에게 있는 일본 이미지이다. 오늘은 철학자의 길을 열심히 걷고 있다.

철학자의 길이 유명세를 가지게 된 이유가 있다고 한다. 길의 처음부터 끝까지 벚꽃이 아름답기 때문이다. 이번 여행 때 벚꽃 피는 일정과 맞지 않았다. 그래도 중간 중간 벚꽃이 피고 있었다. 삶은 순간처럼 사라지지만, 일본식 감성은 무언가 오랜 여운을 남긴다. 벚꽃 문화도 그렇다. 한국적 문화와 다르지만, 그 어떤 다른 개성이 있을 것이다. 정확히 그것이 무엇인지 파헤쳐 내기도 어렵다. 딸이 외고 일본어과에 진학해서 고교 시절을 보내고 있다. 그 아이는 일본 문화가 무엇인지 이해하고 있을까. 딸이 일본어과에 다니니, 일본에 대해 관심을 가질 수밖에 없다.

난젠지 수로각

　철학자의 길 끝에 멋진 난젠지 수로각이 나왔다. 바랜 색깔의 향연처럼, 지나간 날들의 흔적처럼 이 건물은 색채의 선물을 선사해 준 듯하다. 그렇지 않을까. 빛바래고 고풍스러운 건물 앞에 서있을 때, 지나간 시절 좋아했던 클래식 음악을 생각할 수있고, 사랑의 기억을 떠올릴 수도 있다. 추억의 음악은 늘 열려져 있다. 마치 '솔베이지의 노래'를 좋아하던 고등학교 음악 교실에서 느꼈던 기쁨이기도 하고, 딸아이의 사랑스러운 몸짓을 보면서 행복이 밀려온 시절, 일을 하느라 바쁜 생을 살아가던 지난날의 추억이었다. 솔베이지의 노래는 1시간 내내 들어도 그 감흥이 지속된 적이 있었다.
　머물고 싶은 시간들, 아쉬워서 서로 뒤돌아보지만, 눈이 마주치치 않고 제 길을 각각 걸어간 미국 멜로 영화의 남녀의 헤어짐 같은 사랑 이야기처럼, 나는 난젠지의 빛바랜 고풍의 건물 앞에 놀란 마음으로 서 있었다. 아. 이방의 나라이면 어떠랴. 노스텔지어를 가지면 될 것이지 않는가. 수로각에서 한참 서있었다. 세상이 어찌 나의 의지적 결단으로 모든 것이 다 되는 것인가. 그렇지 않으니 문제이다. 아름다운 마음, 아름다운 기억, 아름다운 순간을 더 간직하고 싶은 소원 때문에 걷지 않고 정지해 있었다.

도시샤 대학

도시샤 대학교로 갔다. 이전에 '동지사(同志社)' 대학으로 많이 알려졌다. 이 학교 이름을 들었던 기억이 선명하다. 동지사 대학이라고 해서 이름이 특별하다고 느꼈다. 이전에는 한문 음가로 고유명사를 불렀다. 도쿄를 동경(東京)으로 부르듯이. 이 학교에 오니 왠지 동지사 대학으로 부르고 싶었다. 윤동주, 정지용 시인의 시비가 있어 도쿄에 가면 꼭 방문하고 싶었다. 윤동주 시인이 정지용 시인보다 더 많이 알려진 측면이 있다. 해외 국가, 그것도 일본 내 학교에 시비가 세워져있다는 것이 매우 놀랄만하다고 그동안 생각하고 있었다.

윤동주 시비

윤동주 시인의 시비이다, 윤동주와 정지용은 이 학교에서 수학했다. 유서 깊은 대학교에서 일본인 시비는 없는데, 한국인 시비가 있다는 사실이 매우 놀랍다. 윤동주는 감옥에 갇혔다. 광복을 약 6개월 정도 앞두고 후쿠오카 형무소에서 사망했다. 우리는 그의 '서시'와 '바람과 하늘과 별과 시'를 좋아했다. 그의 시 자화상이 있다. 사춘기 시절, 이 시를 읽으면서 시를 사랑했고 윤동주를 사랑했다. 국어 시간에 그러한 정서가 있었다. 다른 분들도 그랬을 것 같다. 그의 시를 대하면 사춘기적 회고가 강하게 살아난다.

부암동에 '윤동주 문학관'이 있다. 인왕산에서 멀지 않고, 인왕산 자락길 등이 있어 필자도 그 근처로 자주 간다. 그럴 때면 윤동주 문학관에 잠간 들르곤 한다. 윤동주 이름 때문이다. 지금 윤동주의 시를 어떤 마음으로 대할까? 우연히 어떤 윤동주 다큐멘터리를 본 적이 있다. 그 내용 중에 윤동주를 사랑하는 일본인의 모임이 있었다. 그들의 윤동주 사랑은 어쩌면 한국인의 윤동주 사랑보다 더 강한 것 같았다.

"하늘을 우러러 한 점 부끄러움이 없기를." 윤동주의 영혼이 달려온다. 식민지 시대를 살았던 한국 지식인, 엘리트를 생각하면 마음이 아프다. 그 시대를 온 몸으로 저항하며 살아갔던 많은 이들이 있다. 일제 강점기에 문인은 세 부류로 나누어졌다는 어떤 글을 읽은 적이 있다. 윤동주, 이상화는 일제에 저항한 이들이다. 필자가 그 시대에 있었더라면 한 점 부끄러움 없이 살아갔을까? 지식인의 입장에 있었다면, 강력한 민족의식을 갖추었을까? 아니. 질문 이전에 스스로 그렇게 살아가고 있는지 자문해보아야 한다. 그의 자화상이 나의 자화상이 되기를 염원한다. 도시샤 대학에 와서 그런 마음을 가져보았다.

정지용 시비

윤동주 시비 옆에 정지용 시비가 있었다. 그는 어떤 분인가? 6.25 전쟁의 와중에 사망했다고 알려져 있다. 전쟁 때 납북 혹은 자진 월북 형식으로 북한으로 가다가 소요산 쪽에서 사망했다는 기록이 있다. 정지용의 명시인 '향수'가 시비에 적혀있었다. '향수'는 농촌에 살았던 모든 이의 마음에 향수를 불러일으킨다. 그 유명한 후렴구인 "그곳이 차마 꿈엔들 잊힐리야." 그런 마음을 어떻게 가졌을까.

고등학교 국어 공부 시간 때 기억이 난다. 한국 근대문학을 공부하면서 시 분야에서 정지용 시인은 '정O용' 이렇게 표기 되었던가 그랬다. 월북한 사람은 그렇게 쓰여 졌었다. 그의 본명을 알 수 없었다. 그건 백석 시인도 마찬가지였다. 백O. 그렇게 표기되었다. 필자는 본명을 알려고 애쓰지도 않았다. 국어 책에 그렇게 나왔으니 그렇게 생각할 따름이었다.

이 도시샤 대학에 와서 그때를 회고했다. 나의 역사, 우리의 역사였다. 나의 민족, 우리의 민족이었다. 나의 국가, 우리의 국가였다. 좌절하고 고통 속에 죽어간 선배들을 생각했다. 엘리트 지식인의 삶을 기억했다. 영원한 우리의 모범이고 지식인의 원형(原型), 윤동주, 정지용이었다.

교토의 밤거리

도시샤 대학을 나와서 교토의 저녁거리를 걸었다. 저녁, 어두워졌다. 밤에 걸으니 기분이 좋았다. 일본의 저녁, 그리고 밤. 잊을 수 없는 추억의 거리, 추억의 가로등 아래를 걷는 기분처럼, 교토의 거리를 거닐고 싶었다. 이 역사적이고 유서 깊은 도시의 저녁거리를 걷는다는 것은 특별한 감정이 될 수 있다. 가모강에 가보았다. 한강에 모여 있는 한국의 젊은이에 비해 일본 청년들은 많지 않았다. 한강 곁의 청년들은 열정적이다. 그들은 무엇인가 대화를 이어나간다. 그리고 술을 마시는 청년들도 있다. 일본 청년들은 이야기를 하는 듯, 하지 않는 듯, 잘 알지 못하겠다.

교토의 마지막 밤이다. 물론 3일째 내일도 교토에 오지만, 밤의 시간은 마지막이다. 한없이 오랜 시간, 걷고 싶었다. 교토의 밤이 깊어지고 있었다. 걷다가 일본 문화가 무엇인지, 사람은 어떤 느낌인지, 거리는 어떤 모양을 띠고 있는지, 일본인은 어떤 모습으로 걷고 있는지를 주목하면서 걸었다. 한 국가의 문화를 이 짧은 시간에 어떻게 다 알 수 있을까. 그러나 걷는 이 순간은 무엇인가 일본을 조금이라도 알 수 있는 기회라도 되지 않을까. 이 깨끗한 거리, 정연하고 질서 있는 형태의 여러 양식들, 관광객을 위한 봉사 정신이 흐르는 가게들, 무표정하지만 다른 사람에게 불편을 주지 않고자 하는 태도가 보였다. 교토는 일주일 정도 있어야할지도 모른다. 아니 그 이상 있어도 이상할 것도 없다. 인솔하신 분이 그런 말씀을 하셨다. 교토는 일주일 정도 시간을 가지고 걸으면 좋을 것 같다고.

　기온거리를 걸었다. 일본 기생인 게이샤가 있는 장소이다. 거리의 벽에 포스터가 게재되어 있었다. 포스터는 극장 공연 소개 내용이었다. 매우 질서 있고, 정연하게 붙여져 있다. 교토가 일본 최고의 관광도시라 그런지 대부분의 영역에서 관리 능력은 뛰어나다. 관광 분야에서 완전함을 추구하는 것 같다. 그래서 놀랍다. 관리의 일본인가. 게이샤 복장의 옷을 입고 얼굴을 가리고 일본 여성이 급하게 앞을 지나갔다. 문득 저 분은 진짜 지금의 게이샤일까, 아니면 그저 복장을 하고 걸어가는 사람일까 하고 생각해보았다.

　거리 복판의 극장 공연은 매우 특별하다. 이 극장은 매우 유명하다고 한다. 극장은 그 국민의 문화적 힘이고 자존심이다. 모든 도시는 오페라, 뮤지컬, 발레를 공연하는 극장에 대해 특별히 신경을 쓰고 있는 듯하다. 저 교토 극장에서는 어떤 공연이 있을까 매우 궁금했다. 포스터를 보면 무언가 일본의 전통적이고 역사적인 내용으로 구성이 된 듯하다.

　다시 말하지만, 필자는 일본에 대해서 잘 알지 못한다. 그렇다고 필자가 전공한 러시아 역사에 대해, 러시아 문화에 대해 대가(大家)의 실력을 갖추고 있는지도 확신이 들지 않는다. 박사 학위를 받은 지도 20년이 되었다. 세월은 소리도 없이 나의 곁을 지나간다. 고등학교 때 영어 텍스트 공부를 하다가 그런 문장을 만난 적이 있다. "잃어버린 건강은 절제를 통해 회복할 수 있고, 손실된 돈은 근면으로 되찾을 수 있지만, 잃어버린 시간은 영원히 되돌아오지 않는다." 그런 비슷한 내용이었다.

숙소가 오사카에 있어 교토의 밤은 오늘이 마지막이다. 언제 돌아올지 모르지만 언제, 어디서도 시간을 상실하지 않아야한다는 결심을 가진다. 내 생에 값지고 빛난 시간이 언제나 나를 비추어주기를 간구했다. 시간이 영원히 나와 함께 하기를. 나의 영혼과 정신도 나의 시간과 종신토록 존재하기를. 내 청춘, 중년, 장년, 그리고 향후 다가올 노년의 시간에라도 나의 시간이 영원히 나를 보호하고 지켜주기를 기도드렸다. 내가 믿는 주님이 나를 보호하고 나의 시간이 선용될 수 있기를 지켜봐 주기를.

교토의 전통 마을

일본 여행 3일째

3일째 교토의 아라시야마역 근처의 전통 마을에 갔다. 역 근처 다리가 전통 마을이 시작되는 지점이었다. 유명한 유적이 있어서가 아니고 이 마을을 따라 걷는 곳이 특별해서 유명한 마을이다. 3일째 이른 오후까지 있었던 교토의 이 전통 마을의 자그마한 트래킹이 마음에 깊이 와 닿았다. 그저 걷는 것 자체를 사랑하지만, 이방 나라의 전통 마을에서 느꼈던 감상(感想)이 특별했다. 이 마을을 떠나고 싶지 않던 마음이 종일 나를 사로잡았다.

Arabica 커피를 팔고 있는 가게이다. 많은 사람들이 줄을 지어 서 있다. 일본의 커피 가게는 한국보다 적다는 인상을 많이 받았다. 교토의 저 가게는 지자체에서 특별 관리를 하는지는 모르지만, 꽤 유명한 커피 가게로 알려져 있다. 줄이 매우 길다. 외국인들도 꽤 있다. 그렇다. 대부분 관광객일 것이다.

일본에 와서 많이 놀랐던 사실은 수백 년 동안 가게와 업을 대대로 물려주는 장인의 정신이 살아있는 곳이라는 점이다. 교토가 그렇고 근처 '나라'가 그렇다. 일행이 4일째 갔던 '나라'에는 약 700년 된 칼 가게가 있었다. 어떻게 이런 장인 정신으로 그 전통이 이어져 내려올까. 700년을 어떻게 해석해야할지 모르겠다. 700년이라면, 1,300년대부터 이어져 내려왔다는 말이다. 일본은 서사를 잘 만드는 국민 같다.

그들의 전통이다. 전통의 정신이 전해지는 공간이 교토이다. 전통의 도시, 역사의 도시이다. 필자는 여러 번 논문을 통해 전통적 문화 가치의 중요성을 강조한 바 있다. 전통은 인간의 자유정신이 발현된 가치로서의 중요성을 지닌다. 전통은 소멸될 수 없다고 강조했다. 전통은 영원히 유산으로 남아있다.

이런 길이 많이 펼쳐져 있었다. 걷는 길 주위에 가게도 많았다. 오전이었지만, 날씨는 따뜻했다. 일주일 전에 기후가 좋지 않아서 벚꽃이 생각보다 늦게 피어 많은 벚꽃을 볼 수 없었다. 전통 마을, 집이 다 좋아보였다. 집주인은 부유한 사람들이 아닐까. 고운 모래가 쌓여있는 것 같은 부드러운 자갈길을 걸었다. 일본은 담백한 느낌을 주는 국가이다. 그렇게 들어서 이해할 뿐이다. 실제적으로 그들이 담백한지, 왜 그런 단어를 쓰고 있는 것인지 잘 알지 못한다. 이건 책을 읽고 공부를 해보아야할 것 같다. 아마 그렇기 때문에 그런 의미로 사용하지 않을까 한다.

다원에 들렀다. 그냥 다원은 아니었다. 입장료는 따로 없고 이 다원에 500엔을 지불하고 말차를 마시면 된다. 내부가 단정하고 예뻤다. 내가 좋아하는 대나무로 다원이 단장되어 있었다. 이끼가 풍성히 서려있었다. 청정하고 맑은 공기를 마셨다. 이끼는 원래 깊은 숲속에 잘 생기는 현상이다.

오랫동안 다원에 머물고 싶었다. 동행한 다른 분들도 그러한 감정을 느꼈을 것이다. 말차를 내가 샀다. 맑은 공기에서 나오는 호흡을 가슴 깊숙이 들이마시고 싶었다. 그저 이 시간을 즐기자. 그래도 괜찮다. 좋은 일이다. 다원을 걸었다. 자그마한 정원 옆에 서있는 나무와 꽃들을 본다. 정원을 꾸미기 위해 애쓴 주인장의 마음을 가득히 수용하고 싶었다. 나는 이 교토의 시골에서 그지없는 행복을 느끼고 싶었다. 기도하고 싶었다. 내 인생이 올바른 길을 갈 수 있도록. 온전한 삶의 여정을 걸어가 그 길을 마칠 수 있기를. 마음을 드려 기도하였다

다원을 나와 걸어갔다. 저명한 '텐류지'가 보였다. 유네스코 세계 문화유산에 속한다. 어김없이 정원이 보였다. 일본의 대표적인 정원이다. 일본식 정원을 김소월의 '개여울' 과 다시 비교해보았다. 민족적 감성을 동원해서 그런지 몰라도 1920년대 김소월의 시 '개여울'이 연상되었다. 한국의 개여울은 정교하지 않지만, 자연 그대로의 멋을 지니고 있다. 개여울은 거친 정원으로 이해될 수 있다.

언급한 바 있지만, 일본식의 전형적인 문화를 옮겨온 듯한 '니지모리 스튜디오'가 동두천에 있다. 이 스튜디오는 인공적 정원이다. 하루키의 소설 '상실의 시대'에도 인공적 정원이라는 표현이 나온다. 원제가 '노르웨이의 숲'이다. 그런데 저자는 원래 이 소설의 제목을 소설 주인공이 살았던 어느 집에 딸린 아주 자그마한 정원에서 모티프를 얻어 제목을 결정했다. 그러다가 아내의 권고를 받고 '노르웨이의 숲'으로 제목을 변경했다고 한다. 일본식 정원은 보존의 특성이 있다. 가꾸고 관리해야만 그 아름다운 느낌이 유지된다. 많은 이의 정성이 있어야 유지가 될 것 같다. 서울의 청계천을 생각하면 될 것이다. 청계천을 청결하게 유지하기 위해 지속적인 관리가 이루어진다.

　　공방과 카페 등이 이어지는 길이 나온다. 시골 마을길이 정취가 있다는 마음이 들었다. 한국에도 여러 컨셉을 가진 길이 많이 조성되었다. 홍익대, 한남동 등이 그렇다. 이 마을은 한국처럼 엄청나게 사람들이 북적 북적대는 것은 아니다. 물론 어떤 포인트에서는 엄청난 인파가 있다. 그런데 길을 걷다보면 점점 사람들이 줄었다. 전통 마을 거리를 걷는 것은 행복한 일이다. 끝없이 이 길을 걸어보았으면 하는 마음이 들었다.

걷다 보니 대나무로 만든 집 형태가 있었다. 조형물의 형태이다. 공방, 가게가 계속 이어졌다. 오전이 지나고 오후가 오고 있었다. 오늘은 이 마을을 떠나야한다. 기다림은 기쁨이다. 향유해야할 인생의 행복도 기다리면 되지 않을까. 거리의 풍경들과 가옥을 물끄러미 한없이 바라보았다. 기쁨과 감사의 시간이 중첩되었다.

전통 마을을 계속 걷다가 다시 아라시야마 역으로 되돌아갔다. 오후 오사카로 다시 전차를 타고 돌아간다. 약 6시간 이상, 이 마을에 있었다. 언젠가 다시 올 수 있을까? 이 마을은 매우 유명해 아마 교토 여행 프로그램에도 자주 등장하지 않을까 한다. 교토에 온다면 금각사, 은각사 등이 가장 유명할지 모르지만, 교토 상징의 전통마을에 오더라도 의미가 있을 것이다. 필자는 도반들에게 말했다. 이대로 바로 오사카로 가야할까요? 저는 더 이곳에 머물고 싶네요. 그런데 몇몇 분이 그러면, 이곳에 남으시고 천천히 오사카로 오세요라고 권면했다. 그러나 혼자서 교토에 머무를 수 없는 일이었다. 아쉽지만, 이 마을을 떠났다. 언젠가 오고 싶다는 마음을 지니고서.

　오사카의 그 유명한 글리코상 앞에 섰다. 오사카는 상업 도시이다. 상업화가 매우 진행된 장소, 이곳은 일제 강점기부터 재일동포가 많이 거주한 지역이다. 뭐랄까? 민족의 설움과 애환이 가득히 담겨있는 도시이다. 제주 4.3 사건 이후 피해자들이 일본으로 건너갔는데, 오사카로 많이 가셨다고 한다. 아픔과 죽음의 역사를 뒤로 하고 갔던 장소였다.

　글리코상은 이전에 TV 등에서 본 적이 있다. 그런데 저 글리코상이 왜 그렇게 유명한지는 이유를 모른다. 많은 사람들이 글리코상 근처에 많이 있었다. 명소여서 사진을 찍거나 그룹으로 모여있는 일본인들이 많았다. 사진을 찍고 있는 많은 분들이 한국인일 수 있다. 한국인은 여행을 할 때 명소를 꼭 들른다. 인증샷을 한다고 사진을 남긴다. 기본 패턴이 있다. 교토 전통 마을에서는 하나의 단어로 응축하기가 어렵지만, 그들의 집과 문화 양식을 조금 알게 되었다.

에필로그

　4일째의 '나라' 여행에 관한 글은 쓰지 않았다. 3박 4일, 오사카의 마지막 날 밤이다. 오사카 야경을 보면서 걸었다. 운하처럼 보였다. 일본에 대한 영상을 볼 때 이 운하가 나오는 장면을 보았다. 도시에 흐르는 운하는 인문학적 감성을 불러일으킨다. 상트 페테르부르크에 가도 도시를 흐르는 운하를 만날 수 있다. 도스토예프스키의 '죄와 벌'의 주인공인 라스꼴리니코프가 전당포 할머니를 죽이러 가기 위해 운하 곁을 지나 걸어가는 장면이 나온다. 소설 속에서 그러한 장면도 역사적이다. 도시에 운하만 존재하고 있는 것은 아닐 것이다.

　모든 곳에서 도시의 서사가 펼쳐진다. 그 서사에 따라 개인의 운명이 전개된다. 소설 속이든, 시에서든지, 개인 에세이 속에서도 운명적인 사건이 등장한다. 그러나 우리는 그 모든 이야기를 알 수가 없다. 도시의 운하 곁에서, 혹은 도시의 거리에서, 가로등에서, 가로수와 가로등 아래 있었던 다양한 사람의 스토리가 있다. 도시의 모든 것은 인간의 역사로 기록될 것이다. 나의 개인사도 글로 기록되지 않더라도, 도시 속에서 면면히 흐르고 있지 않을까.

　교토 전통마을을 걸을 때 정오의 시간이 지나가고 있었다. 정오는 어떤 의미일까? 점심 식사의 시간일까? 멋진 해후(邂逅)를 열망하는 시간일까. 아니면 카를로 카솔라의 원작을 영화로 만든 고전영화음악

'부베의 연인'의 그 위대한 음악의 시간, 영화의 시간일까. 이탈리아의 열정적인 사랑이 마치 정오처럼 불타오르는 그런 시간일까? 아니면, 어느 미국 영화에서 주인공인 잘생긴 남녀의 데이트의 시간일까. 혹은 평범하지만, 하루가 많이 남았다고 내적 안심이 되는 그런 안온한 시간일까?

마을을 걸으면서 내 인생이 아직 정오라고 한다면 얼마나 좋을까 생각해 보았다. 정오는 매우 긍정적인 시간대이다. 그런 마음을 빌어 보았다. 그렇다. 내 인생은 아직 정오이다. 내 삶은 아직 정오의 시간 밖에 지나지 않았다. 충분히 오후와 저녁을 누릴 시간이 남아있다. 나의 시간은 건재하다. 이 강렬한 현시(顯時)의 받아들임.

길 위에서 정오의 개념을 알고자 애썼다. 집을 떠나면 개고생이라는 말이 있다. 그래도 우리는 여행을 떠난다. 그 곳에, 그 도시의 정오에 기분 좋고 기쁜 시간을 보내고 있기 때문이다. 어디를 갔다가 돌아오는 길은 발길이 떨어지지 않는다. 서울로 돌아가고 싶지 않았다. 여행은 그만큼 특별한 시간이다.

도이인타논 국립공원 트래킹

14. 봄의 태국 치앙마이 거리에서.
"가족 커피공장에서 생애 최고의 커피를 마시다"

　3월 중순, 3박 5일 동안 태국 치앙마이를 다녀왔다. 지인과 둘이서 갔다. 즉흥적인 떠남이었다. 여행의 천국인 태국에서 여행보다는 트래킹과 태국 문화를 많이 느끼고 왔다.

치앙마이 둘째날

　'치앙마이'는 '신도시'라는 뜻이다. 베트남의 '달랏'은 봄의 도시이다. 둘째 날, 여행의 주요 목적이던 '도이 인타논'(Doi Inthanon) 국립공원 트래킹 코스로 갔다. 그 근처의 '와치라탄 폭포'에 갔다. 이국(異國)의 삶과 문화가 있는 곳에 당도했다. 나이아가라 폭포가 아니지만, 치앙마이가 자랑하는 폭포이다. 서귀포에 가면 천지연폭포, 정방폭포가 있다. 어른들은 아주 오래 전, 제주도에 가서 이런 폭포를 방문하는 것을 좋아했다. 어릴 때 얼핏 기억난다. 어머니가 아버지와 제주도에 잠간 산 적이 있었는데, 그런 폭포에 대해 이야기해주셨다. 태국에서 처음 대하는 문화였다. 세계의 모든 지역에 민족 특유의 문화가 존재한다. 당연히 이런 곳에 오면, 겸손, 존중, 존경의 마음을 보낸다.

태국은 자존심의 민족이다. 그들은 자신의 국가가 제국주의의 군화에 한 번도 짓밟히지 않았던 것을 자랑스러워한다.

태국에서 가장 높은 산인 도이 인타논 국립공원 트래킹코스에 들어서기 직전이었다. 필자는 가끔 그런 말을 한다. 우리는 이 세상의 모든 골목과 모서리에 갈 수 없다고. 지인이 출발 일주일 전에 모든 것을 준비해놓고 갑자기 같이 가겠느냐고 해서 즉흥적으로 결정했다. 그러니 이 트래킹은 영원히 오지 못할 수도 있었다. 그것이 인생이다. 도달하지 못하는 길이 얼마나 많이 있으며, 올라가지 못하는 무수히 많은 산도 있을 것이다. 세상의 모든 곳을 다 트래킹 할 수 없다. 필자는 자주 해외로 여행을 다니지 않았다. 주로 러시아로 지역 조사 연구차 출장을 갔다. 그 일도 2020년의 코로나와 2022년에 발발한 러시아-우크라이나 전쟁 때문에 2020년 이후 러시아에 단 한번 방문했다. 2024년 말과 2025년 신년에 모스크바를 방문했다.

트래킹 코스의 시작 지점에서 무엇인가 특별한 감정을 느꼈다. 이렇게라도 이국의 땅에 내가 왔구나. 치앙마이에는 다시 오지 못할 수 있다. 소중하게 보내자고 결심했다. 마음만 먹으면 갈 수 있는 한국의 땅 끝 마을, 해남이 아니다. 해남에도 아직 가지 못했지만, 잘 올 수 없는 태국으로 왔다. 며칠 전까지 전혀 알지 못한 트래킹 코스였다. 트래킹 직전 입구에 놓인 대나무 스틱을 집어 들었다. '액티비티'를 지인이 이미 예약 신청해놓았다. 이 트래킹코스의 일행은 중국인, 홍콩인 등 7명이었고 안내인이 1명 있었다. 산림훼손을 방지하기 위한 감시인도 줄곧 우리를 따라왔다. 다양한 나무와 숲이 있는 코스였다. 야생화도 많았다.

　재미있게도, 원숭이를 꼭 닮은 형태의 나무가 있었다. 인공적으로 원숭이 형상으로 나무를 가꾼 것 같기도 하다. 잘 모르겠다. 한국의 삼림지대와 닮아 있다. 이국의 문화가 서려있고 내가 알지 못하는 신화, 전설 등이 있을 것이다. 무엇을 얻기 위해 왔을까 생각할 필요가 없다. 걸으면서 이국땅의 삼림을 느끼면 된다. 한국의 트래킹 코스처럼, 중간 중간 숲을 설명하는 이정표가 있었다. 이 원숭이 이정표는 두 번째 이다. 그러니 2번째 구간이다. 이 구간에서 가장 독특한 트래킹 서사 가 담겨있는 특성에 대해 언급한다. 어떤 콘텐츠가 포함되더라도 국 립공원이 자랑하는 자존심이 아닐까?

이 국립공원에서 새로운 감성에 젖어들었다. 이국의 공기를 맡고 삶의 신선함을 느끼고 싶었다. 여행이 주는 설렘이다. 잘 알지 못하는 이국 문화였다. 나는 그 문화를 즐겼다. 원숭이 나무를 보면서, 이 독 특한 문화적 형태를 존중감으로 바라본다. 모든 국가는 독특한 문화 를 가지고 있다. 한국의 어느 국립공원에도 이러한 형태의 원숭이 나 무가 있지는 않을 것이다. 문화는 그 국가의 상징이고 자존심이다. 국 가의 아이콘이다. 저 원숭이 나무도 누군가에게는 아이콘이다.

3번 이정표는 Benevolent forest 였다. Benevolent는 '자선의' 라는 그런 뜻이다. 어려운 단어이다. 솔직히 인터넷 영어 사전에서 찾아보았다. 완전히 처음 듣는 단어이다. 대학교 시절 유명한 영어 책인 '22000 vocabulary'가 있었다. 그런데 내가 알고 있던 어떤 선배님이 '33000 vocabulary' 책을 출간했다. 그 선배님은 다른 사람의 생각을 뛰어넘는 창조성이 있었나 보다. 어떻게 그런 생각을 하고 저런 책을 만들 수있을까 감탄스러웠다. Benevolent forest는 '자비로운 숲', 그렇게 해석하면 될까? 그렇다. 숲은 자비롭다. 숲은 인자하다.

　　자비로움은 친절의 의미이다. 모두 친절한 사람을 싫어하지 않는다. 친절함이 몸에 배어 있는 분들도 있다. 그런 분을 만나면 부럽다. 친절, 배려, 자상함을 갖춘 사람은 많은 장점을 소유한 분이다. 그 친절함은 어디에서 올까? 중학교 1학년 영어 공부 때 그런 문장을 배운다. "He is a kind man." 그때는 몰랐는데, 인생을 오래 살다보니 친절함을 갖추는 것이 얼마나 어려운지, 그런 미덕을 갖추는 것이 얼마나 가치가 있는지를 비로소 깨닫는다. 이제 조금씩 철이 든다.

　　2015년 홍상수 감독의 영화인 "지금은 맞고, 그때는 틀리다"가 있었다. 필자도 이 영화를 나중에 본 적이 있다. 영화 제목처럼, 당시에는 몰랐는데, 비로소 알게 되는 그런 종류의 일이 많다. 이정표에는 다양하고 아기자기한 여러 속성의 나무, 꽃 등의 생명체가 소개되어 있다. 태국의 산에 대해 알고, 태국 문화를 조금이라도 알기 위해 노력했다. 산이 주는 또 하나의 즐거움이다.

　대나무가 많이 자라고 있었다. 태국 여행 내내 곳곳에 대나무를 많이 보았다. 나무 데크 길의 손잡이도 대나무로 이루어진 경우도 있었다. 이국의 특성화 장소를 존중감으로 바라보아야 한다. 자연의 사물에 대해. 이(異)문화 존중이고, 타민족에 대한 존경심이다. 그 어떤 국가, 민족의 문화에도 인간의 서사가 있다. 삶의 흔적이다. 삶의 모습이다. 동남아시아, 아니 태국이 자랑하는 이 조용하고 사람이 다니지 않고, 생태계가 원시림처럼 보존되어있는 공기를 흠뻑 마시고, 시원의 꿈을 기억했다.

　원시림은 태고(太古)를 상징한다. 이 나무들도 오랜 시간 풍화와 퇴적을 거쳐, 나무가 자랄 수 있는 환경이 되었을 것이다. 시베리아의 산림 지대에 서 있다면 태고의 감정을 느낄 수 있을 것이다. 그곳은 활엽수, 툰드라의 숲으로 가득 차 있다. 시베리아의 툰드라 지대에 있다면, 생을 놀랍게 느낄 수 있다. 혼자 그곳에 있다면, 깊은 외로움과 고독감에 쌓여있을 것이다.

예전 담양의 죽녹원에 가보았다. 많은 대나무에 놀랐다. 대나무의 아름다움은 일본 산사에 갔을 때도 느꼈다. 일본 산사 근처에 대나무가 밀집해 있었다. 그래서 대나무는 일본의 나무인가 하고 생각한 적이 있었다. 태국의 대나무도 감성을 일으켰다. 대나무 사진을 많이 담았다. 네 번째 이정표는 vine, 즉 포도의 의미가 아니라 덩굴이라는 뜻 같았다. 많은 덩굴나무를 만날 수 있었다. 어떻게 이런 나무들이 많을까 하는 감탄과 더불어.

6번 구역은 상록수가 많았다. 열대 지방의 상록수는 잎이 넓다고 한다. 상록수의 소중한 언덕이 있다. 내가 아는 상록수는 양희은이 부른 노래로 유명하다. 중학교 때 읽었던 심훈의 '상록수' 소설 때문에라도 상록수에 많은 관심이 갔다. 이국땅에 오니 회고와 회상이 많아진다. 양귀자의 소설 '모순'에는 여자 주인공이 사귀고 있는 2명의 남자가 있었다. 한 명이 현실을 대변한다면, 한 명은 몽상가이다. 굳이 따진다면, 나는 이상주의자, 혹은 몽상에 더 가까운 인물이지 않을까 평가해본다.

추억은 그러한 나의 성격에서 기인하는 지도 모르겠다. 이 유명 국립공원에서 고향 중학교 시절의 추억을 강하게 느꼈다. 순수한 나의 시절, 상록수, 그리고 심훈. 중학교 1학년 때 '상록수'를 읽는다는 기쁨을 느꼈고 중학생으로서 성장을 느낀 계기였다. 상록수 소설에서 기억나는 부분은 일본 제국주의 시기 주인공이 '4H 운동'을 말하면서 민족의식을 고취하는 장면이었다. 너무 오랜 시간이 지나 정확한 기억인지는 모르겠다. 식민지 시대 주인공의 민족의식은 대단했다. 일제에 맞서 저항의 몸짓을 가진 소설 내용이었다.

폭포가 많았다. '파 독 시아오' 폭포를 지났다. 설악산의 그 웅장한 12선녀 폭포처럼 많은 폭포가 있는 국립공원은 아니다. 한국은 산악 지역이 70%로 이루어져 있다. 한국을 중앙아시아의 타지키스탄처럼 산악국가라고 부르지는 않는다. 그렇지만 한국에는 산이 많다. 약 5000여 개 이상의 산이 있지 않은가.

　이곳은 다리이다. 다리는 대나무로 엮어져 있다. 오늘은 태양이 가득한 날이다. 고 알랭 들롱이 주연한 영화 '태양은 가득히'의 장면에는 아주 강렬한 태양이 인상적이다. 온화하게 내리쬐는 치앙마이의 태양 아래에 길을 걸어가고 있다. 건강하다면, 무엇을 하지 못할까. 트래킹에서 만나는 폭포수의 물, 나무, 꽃, 그리고 자연과 공기까지, 삶은 건강하게 이 자연을 즐길 수 있다. 건강하다면, 자연이 주는 아름다움을 푹 느낄 수 있다. 이국에서 느끼는 나의 감정이었다.

삶도 사랑도 자연은 나의 편이다. 이국의 길은 매혹적이다. 모든 이가 다 그러한 감정에 젖는 것 같았다. 걸으면서 꿈을 꾸었다. 숲 안에서 언뜻 비쳐오는 태양의 강렬함처럼, 여전히 인생의 강렬함, 혹은 건강성을 간직하기를 원했다. 해야 할 일이 남아있는 삶의 희망을, 여전히 품고 있는, 나의 내면에서 소리치는 아름다운 시간을.

도이 인타논 국립공원 오솔길이 끝없이 펼쳐져도 걸어갈 수 있을 것 같다. 마음 가득히 좋아하는 그런 길은 끝없이 이어질 수는 없다.

치앙마이 구시가지

언젠가 길은 외형적으로 잠시 멈출 수 있다.

트래킹 코스를 마치고 도착한 곳은 '커피 빌리지'이다. 오전에 이 코스를 걸었던 모든 사람들이 산악지에서 재배한 무료 커피와 차를 마셨다. 차 맛이 좋아 나는 '버터플라이'라고 명명된 차를 샀다. 대부분의 사람들이 차와 커피를 샀다. 비싸지도 않았다. 서울에서 이 차를 마시면 치앙마이를 기억하고 국립공원의 냄새를 맡을 수 있을 것이다.

이후 우리는 국립공원의 가장 높은 산정 포인트에 도착했다. 해발 2,565미터이다. 트래킹을 마치면서 어느 국가에든지 사람들은 산정에 도착하는 것을 좋아한다는 생각이 들었다. 관광지에서 트래킹하니 행복하고 기분이 좋았다. 관광지도 오면 좋겠다는 마음이 일어났다. 그래. 아직 시간이 남아있다. 앞으로도 그런 기회가 오기를 바란다.

저녁에 구시가지에 가보았다. 특별한 산책이었다. 치앙마이에 오기 전, 어디를 꼭 방문하면 좋겠는가라고 치앙마이에서 겨울이면 한 달 간 와서 시간을 보내는 어느 지인에게 물었는데, 구시가지를 추천해주셨다. 개인적으로 어느 도시를 가더라도 구 시가지를 걷는 것을 매우 좋아했다. 구도시에는 '왕의 길(King's road)'이라고 명명된 길을 자주 발견한다. 중세를 지난 근대 시기의 도시 분위기를 읽을 수 있다. 관광 목적으로 구도시를 개방하는 경우가 있다. 여러 문화적 행사가 벌어지며 멋진 레스토랑, 카페, 문화 공간이 즐비한 곳이 구도시이다.

가장 먼저 도착한 곳은 '타페 게이트(THAPHAE GATE)'였다. 처음 들어본 게이트였다. 아마 이전에 구도시의 입구가 아니었을까 한다. 우리로 치면 동대문, 남대문과 같은 그런 역할을 했던 게이트였을 것이다. 치앙마이 근교의 불교 사원에는 1800년대 왕조가 있었다. 방콕 등 다른 지역과 변별적인 왕조였다. 적들은 이 게이트로 침입하고 군사적 공격을 가했다. 태국은 왕조의 독립을 유지한 국가이다. 특정 국가의 수호역사는 그 민족의 자랑이다. 태국도 그런 자부심을 내세운다.

이 빨간 색깔의 게이트는 무언가 태국의 전통과 태국의 의지를 강하게 보여주는 듯하다. 게이트는 경계이다. 누구나 다른 이의 경계를 침범할 수 없다. 그러므로 게이트는 나의 삶의 영역이고 내 영토이고 나의 공간이다. 다른 이의 삶의 경계를 존중으로 수용해야한다. 그것은 그 사람의 고유한 삶의 영역이고 지켜야할 선이다.

성벽 안에는 왕족이 거주하고 있고, 일반 평민이 못 들어갈 수도 있다. 성벽처럼, 적의 침입을 막고 거주민들이 성벽 안에 사는 그런 형태일 수 있다. 생각해보니 동남아시아의 성벽을 처음으로 방문하는 셈이었다. 영국, 프랑스, 네덜란드 등 유럽제국들은 동남아시아를 식민지로 만들었다. 동남아시아 인은 '인도차이나'라는 단어를 싫어한다. 이 용어가 인도와 차이나 중간에 있는 국가들을 지칭하는데, 이 지역을 동남아시아 국가로 간주하는 경향이 있기 때문이다.

제인 마치 주연의 영화 '연인'이 있었다. 1990년대 이 영화는 사랑의 열병을 다룬 내용으로 유명했다. 그 배경이 베트남이었다. 여자 주인공이 배 위에서 썼던 모자가 아직도 기억에 남는다. 태국에 관한 영화는 어떤 것이 있을까? 오래전 영화인데, 어떤 평민이 태국 공주와 사랑에 빠진 영화 내용이었다. 나는 우연히 TV를 통해 그 영화를 보았다. 나에게 태국 영화의 추억은 그 영화밖에는 없다.

구도시를 걸었다. 저녁의 노을이 약간의 붉은 빛을 머금으면서 퍼지고 있었다. 구도시를 걷고 있자니 자그마한 감정을 느낀다. 삶의 중심에 있던, 삶의 언저리에 있든, 관계없이, 일본 소설의 제목인 "세상의 중심에서 외치다"처럼, 이국의 땅에서 무엇인가 외치고 싶었다. 이곳은 안개비가 하얗게 내리는 그런 도시는 아니다. 이 도시는 정훈희가 부르는 '안개'의 가사처럼, 나 홀로 걸어가는 안개만이 자욱한 거리가 아니다.

치앙마이 구도심의 어느 골목길을 걸어가고 있었다. 이 남방도시는 한국처럼 그런 안개가 있는 곳이 아닐 것만 같다. 우기에는 비가 내릴 것이다. 이곳 기후는 근본적으로 한국과 다르다. 이질적이고 다른 문화의 모습에 내가 맞추어야 한다. 그 양태에 내 생활 패턴을 적응해야할 것이다.

치앙마이 넷째날

몽족 마을

3일째는 관광객이 많이 간다는 '코끼리 쇼'에 갔고 그 근처 뗏목으로 강을 건너는 액티비티를 하였다. 그리고 목이 긴 사람들이 살고 있는 마을, 즉 Long Neck Villiage에도 가보았다. 마지막 4일째 날,

'도이수텝 탬플'에 들른 이후 '몽족 마을(Hmong villiage)'에 갔다. 'Banmong Doipui' 마을이다. 잘 들렀다는 마음이 들었다. 오지 않았다면 후회할 뻔했다. 이 민속마을은 많이 알려진 장소이다. 관광객 가게가 많았다. 자립을 위한 마을이었다.

가게들을 지나니 잘 가꾸어진 꽃밭, 혹은 정원이 보였다.

일본식 문화가 조성되어 있다. 일본식 대나무 형체와 일본식 전등이 있다.

　가족 커피 공장에 들렀다. 서사가 서려있는 가게였다. 공장의 유래 이정표를 읽어보니 1969년, 태국 국왕이 이 마을을 방문하던 때는 양귀비 등 비합법적인 아편 약초가 제조되고 있었다. 매우 가난했기 때문이었다. 국왕의 지시로 가난을 극복하고 자립을 위해 국가에서 마을을 지원하기 시작했다. 이 가족 커피 공장도 그러한 차원으로 등장했다. 주인장이 따뜻하게 인사를 해주었다. 사진에는 어린 시절이었는데, 지금은 이 커피 공장의 소유주이다.

　2층 커피숍에 있는 주인장 사진이다. 그분은 주로 1층에서 일한다. 위층에 커피숍이 있었다. 내부를 둘러보았다. 커피 공장의 역사가 사진과 더불어 있었다. 서사가 있고, 가족의 삶이 서려있는 곳이다. 커피 원두와 커피를 판매하고 있었다. 필자는 이러한 이야기가 있는 장소를 좋아한다. 많은 사람들이 동감할 것이다. 커피 대공장이 아니고 거대 기업이 커피를 만드는 장소가 아니다. 가족 운영의 공장, 카페이다. 거대한 공장이 아니다. 아래층에 소박하게 커피가 만들어지는 소규모이다.

　지인과 나는 무엇인가 사드려야 한다고 생각했다. '뜨아(뜨거운 아메리카노)'를 시켰다. 아메리카노 한잔에 마음이 녹아들었다. 마을 아래를 내려다보았다. 이 특색 있는 몽족 빌리지에 와서 인생의 작은 기쁨을 생각했다. 자그마한 삶의 환희였다. 작고 소박한 기쁨이다. 소확행을 느꼈다. 비행기를 타고 태국까지 왔으니 적은 금액을 지불한 것은 아니다. 그러면 소확행이 아닌 것인가? 가족의 정성으로 만든 커피이다. 나는 생애 최고의 커피를 마셨다. 감성과 감정이 같이 결합되어 있었다. 스타벅스의 커피 맛에 비견할 수 없을 정도로 기분이 좋았다. 세상의 모든 커피 맛이 이 커피만 할까?

사적 이야기를 해도 되는지 모르겠다. 커피, 카페에 관련된 이야기라서 약간 서술하고자 한다. 아주 개인적 이야기라 부끄럽기도 하다. 군대를 마치고 복학하던 2학년 때 좋아하던 분이 있었다. 1985년 가을 제대 직전 카투사 페스티벌 때 나의 부대에 초청받고 온 분이었다.

나는 그 분을 몰랐지만, 그분을 초청한 후배에게 그 분 연락처를 물어보았다. '조흥은행 명동지점'에 근무한다고 그곳으로 전화해보라고 했다. 1986년 복학하고 어느 평일 명동에 가서 그 은행으로 전화해서 나를 소개하고 커피 한잔 할 수 있겠는지 부탁했는데, 쾌히 승낙했다. 나에 대해 전혀 몰랐을 텐데, 나와 주었다. 그녀는 그때 방배동에 살고 있었다. 예전 방배동은 서울에서도 매우 먼 동네 같았다. 그때 명동에서 만나서 이야기를 하고 그 뒤에 몇 번 만났다. 그 분 집 근처인 방배동 카페 거리에서 뵌 적이 있다.

1986년 방배동에는 카페가 문화 공간 같았다. 약속 시간은 지나가고 있는데, 약속 장소인 카페를 찾기가 매우 어려웠다. 처음 가던 곳이었다. 시간이 급해 막 뛰다시피 겨우 찾은 그 카페에서 기다리던 그 분의 모습을 기억하고 있다. 환하게 웃어주었다. 그때 커피를 마셨는지 기억은 나지 않지만, 가끔 인생에서 기억하고 싶은, 혹은 잊지 못할 카페가 있을 것이다. 그때 무슨 말을 했는지 커피 값은 누가 냈는지도 기억이 없다. 어떤 그리움인지 모르지만 그때 그 일을 기억한다. 현실에서는 의미가 없는 일이지만.

세상의 그 어떤 카페보다도 이곳, 빈곤을 극복하기 위해 삶의 몸부림을 치고 마을 발전을 위해 일했을 사람들을 생각하며 커피를 마셨다. 커피공장을 일구기 위해 애썼던 이 집의 이야기가 궁금해졌다.

　마을을 떠날 시간이 되었다. 박수칠 때 떠나라고 했던가. 아쉬울 때 떠나야한다. 더 머물고 싶어도 오늘 밤 귀국 행 비행기를 타기 위해 이 민속 마을을 떠나야할 때이다. 그래야 다시 오고 싶은 감정이 든다. 이곳은 일종의 마을 박물관이다. 그들도 나의 시야에서 사라질 것이다. 이 글을 마치고 싶지 않다. 감정적인 마음을, 정서를 표현하고 마을을 소개하고 싶었다. 일부 사람들은 관광으로 올지도 모르겠다. 나에게는 이 마을을 걷고 커피 한잔을 마셔도 좋았다.

　동행한 지인은 영국 시인 새뮤얼 존슨이 여행에 대해 말한 부분을 이야기해주었다. "여행을 통해 지식을 얻으려는 사람은 여행할 때 지식을 가지고 다녀야한다"는 말이다. 그는 지식 있는 필자가 부럽다고 했다. 지인은 문화를 읽는 단위는 국가보다는 도시여야 한다고 강조했다. 즉 태국의 경우에도 방콕과 치앙마이는 그 분위기가 판이하다는 것이다. 필자는 방콕에 가보지를 않아 그 차이점을 잘 알지 못한다. 그분의 말씀에 깊은 주의를 기울였다. 충분히 맞는 말씀이라고 생각했다.

몇 번 말하고 있지만, 마을의 서사가 있는 곳, 마을 이야기가 있는 곳, 비록 아픔과 힘든 삶이 있었던 이야기일지라도, 삶의 진실이 있다면 아름다운 서사라고 말할 수 있지 않을까? 안녕, Hmong villiage !! 태국 치앙마이여!

에필로그

　3박 5일의 일정이었다. 4일째 밤에 치앙마이 공항에서 북경을 거쳐 인천공항으로 가야한다. '에어 차이나'를 타고 베이징공항에서 환승을 하는 왕복 여정이다. 왕복 항공권 가격은 31만원이었다. 국적기인 아시아나항공은 55만 원 정도였다. 환승을 하니 몇 십 만원이 절약되었다. 피곤한 것은 있었지만, 어려운 일이 아니다. 치앙마이 공항에서 늦은 밤 출발할 때 한국 국적기, 즉 아시아나와 Jeju 항공을 타시는 분들은 좌석표를 받기위해 긴 줄을 섰지만 차이나 항공을 타는 우리는 지체 없이 탑승권을 받았다.

다음날 아침 베이징공항에서 귀국 행 비행기를 기다리면서 이런저런 생각을 했다. 다음에 어떤 국가에 갈 수 있을까? 기회가 오면, 동남아 국가에 가고 싶다. 그 어떤 매력을 느꼈기 때문이다. 개인적인 나의 삶의 방식인지 모르겠다. 1975년 4월 30일, 내가 중학교 1학년 때 베트남 사이공이 함락되었다. 북쪽 군대를 베트콩이라고 부르던 시절이었다. 그 소식을 5월 1일 등교하기 직전에 들었다. 내 기억이 너무나 생생하다.

그 이후에 사이공에 가고 싶었다. 그때의 기억 때문이었다. 지금은 호치민 시이다. 가게 된다면, 당시 미 대사관이 있던 장소에 가고 싶다. 남쪽 베트남 사람들이 미 대사관저에서 떠나는 헬리콥터를 타기 위해 몸부림치던 그 영상을 기억한다. 역사적 시간, 역사의 서사가 있는 추억이다. 그 뉴스를 들었던 때로부터 50년이 지났다.

인생의 시간이 많이 지나갔다. 그 시간이 아쉽지만 누군가 말했듯이 '현재의 시간이 가장 젊은 시간이다'라고 하듯, 오늘 이 공원을 걸어가고 있다. 아직 태양은 정오위에 있는 것 같고, 나는 아직 살아있고 걸을 수 있다. 이 행복을 누리기를 원했다. 그것이 삶이라고 느꼈다. 걷는 것이 삶이다. 현재의 존재가 삶이다. 살아있음으로 인해 삶의 시간이 존재한다.

15. 겨울의 모스크바거리에서.
"美가 세상을 구원하리라"

(2024년 12월31일-2025년 1월2일 모스크바 기록)

2024년 12월 30일 저녁, 모스크바에 도착했다. 새해를 모스크바에서 맞이한 것은 유학 생활 이후에 처음이다. 코로나 사건과 우크라이나 전쟁 발발 이후로 모스크바에 가지 못하다가 이번 연말에 모스크바를 오게 되었다. 연말에 맞이하는 모스크바 시간이었다. 이 글은 12월 31일 – 1월 2일, 3일간의 여정을 날짜에 관계없이 배열해보았다. 2024년 연말과 2025년 신년을 모스크바에서 보낸 셈이다. 박사학위를 받은 이후에도 모스크바 출장 등 많이 다녔는데, 이 기간에 있었던 것은 드문 일이다.

출장 중간에 시간을 내어 붉은광장, 볼쇼이극장, 아르바트, 구원예수교회, 뜨베르 거리를 걸었다. 전쟁의 분위기는 크게 느낄 수 없다. 그저 일상의 삶이다. 일상의 삶이어야하는데, 전쟁 중이다. 그런데 모스크바에서 전쟁을 하는 것이 아니다. 전선은 우크라이나에 대부분 걸쳐 있다. 물론, 전쟁의 막바지인 지금은 쿠르스크라는 도시, 즉 러시아연방 땅에서 벌어지고 있지만. 마음이 무척 무겁다. 내가 오랫동안 공부한 국가가 러시아인데, 러시아는 전쟁을 감행했고, 전 세계가 힘든 시간을 보내야만 했다.

2025년 1월1일

붉은 광장

모스크바에 온다면, 역시 '붉은 광장'을 들러보아야 한다. 2025년 1월 1일 아침 8시, 붉은 광장에 가보았다. 경찰들이 출입을 통제하고

있었다. 짐 검사는 늘 기본이다. 감회가 새로웠다. 처음 모스크바에 도착했을 때가 1993년 1월 8일이었다. 그때의 기억은 강렬히 남아있다. 토요일이었다. 월요일 1월 10일, 혹은 화요일 1월 11일인가 붉은 광장에 갔던 것 같다. 그때 레닌묘에서 박제된 레닌을 보았다.

당시 모스크바 세레메체보 공항에 내렸을 때의 정경도 잊을 수 없다. 제복차림의 근무자들을 보니 주눅이 들었다. 미국에서 유학했던 어떤 분은 그 모습에 충격을 받았다고 한다. 군인이 공항을 지키고 있는 것처럼 보였기 때문이다. 실제적으로 군인이었을 수 있다. 러시아 제복을 잘 구별 못하는 경향이 있다.

붉은 광장에 들어서기 전 입구이다. 이른 아침이라 거의 사람이 없었다. 시차 때문에 일찍 잠을 깨어 숙소에 있기 힘들어 나왔다. 역사박물관을 뒤로 서있는 동상이 2차 세계 대전의 영웅인 '주코프' 원수이다. 러시아는 2차 세계대전을 '대조국전쟁'으로 부른다. 1812년 프랑스가 러시아를 침략했던 시기 제정러시아가 프랑스에 승리했는데, 이 전쟁을 '조국전쟁'이라고 부른다. 나폴레옹의 세력은 급격히 쇠퇴하였다. 매우 중대하고 큰 승리를 거둔 경우, 러시아는 그렇게 불렀다.

역사박물관이다. 뒤쪽에서 보이는 정경이다. 붉은 광장 쪽으로 올라가면 역사박물관 정면이 나온다. 입장은 정면에서 들어가야 한다. 러시아는 9세기부터 국가 형성이 시작되었고 슬라브 민족은 이전부터 러시아 남부와 우크라이나 근처에서 많이 거주하고 있었다. 역사적으로 보면 1200년이 지났다. 일반적으로 9세기부터 형성된 '키예프 루시'를 러시아 역사의 기원으로 본다. 우크라이나는 키예프 루시를 러시아의 역사가 아니라 우크라이나의 역사로 간주한다는 것이 다를 뿐이다.

역사박물관 정면이든, 반대편이든, 건물의 구도는 거의 비슷하고 매우 웅장하다. 어느 쪽에서 보더라도 그렇다. 붉은 광장이라 그런지 건물 색조는 붉은 색이다. 러시아에서 '붉은'은 '아름답다'는 단어와 동의어이다. 붉은 광장, 아니 아름다운 광장에 왔다. 자주 오던 장소이지만, 지금 러시아는 우크라이나와 전쟁을 치르고 있다. 러시아는 서방과 대립하고 있다. 우크라이나 전쟁이 언제 종전할지 모르지만, 러시아는 어떤 국가를 향해 침략한 것은 사실이다. 러시아가 전쟁을 감행한 것은 나토가 동진하면서 러시아 안보를 위협했기 때문이라는 것이 가장 큰 이유이다. 전쟁은 살상을 낳는다. 전쟁은 비극이다. 이 전쟁도 마찬가지이다. 전쟁의 원인은 중첩적이고 복합적이어서 이 에세이에 담을 수가 없다.

붉은 광장으로 올라가는 길이다. 왼쪽으로 역사박물관을 끼고 곧바로 올라가면 된다. 전쟁은 대화가 아니다. 전쟁은 중재가 아니다. 전쟁은 극단적 투쟁이고 최고의 혼란을 유발한다. 전쟁은 단절이다. 전쟁은 인간과 인간의 관계를 휴먼이 아니라 상대방을 향한 증오심으로 발전된다. 삶에도 전쟁이 있다. 그렇지만 이성과 지성이 작동된다. 투쟁과 갈등 국면에서 조정, 중재가 있다. 타협도 있다. 삶에는 상호적으로 무시하는 일이 빈번하지만, 온전하고 올바른 행동으로 화해가 따른다. 2022년 2월부터 발발한 우크라이나 전쟁은 극단적 상황만 벌어진다. 살해와 증오만이 판을 친다. 동일한 슬라브 민족의 역사적 기원을 가지고 있으면서 말이다.

이 글을 정리하는 2025년 8월 하순 현 상황에서 미국의 트럼프 대통령, 러시아의 푸틴 대통령, 우크라이나의 젤렌스키 대통령, 유럽 나토 정상 국가들은 전쟁 종식을 위한 절차를 진행하고자 한다. 특히 트럼프 대통령의 중재하에 러시아와 우크라이나가 조만간 만나기로 되어 있다. 그러나 러시아는 전문가를 통한 단계적 절차를 주장하고 있다. 이 만남조차도 성사될지 확신할 수 없다. 앞으로 이 전쟁이 어떻게 흐를지 매우 궁금한 상황이다.

2005년 모스크바국립대학교에서 역사학 박사학위를 받은 이후 자주 모스크바에 왔다. 2019년 여름에도 방문했는데, 그 뒤로 오지를 못했다. 2020년 코로나로 인해 한 동안 갈 수 없었고, 우크라이나 전쟁으로 오기가 매우 어려웠다. 오래간만에 오니 감회가 새로웠다. 전쟁 중인데도 평화스러웠다. 경찰이 예전보다 거리에 많이 배치되어 있었다. 전쟁 때문이다.

예상외로 모스크바가 춥지 않았다. 아침이어서 그런지 손을 호호 불면서 사진을 찍었다. 1월 초인데도 춥지 않은 이유를 잘 모르겠다. 좀 더 집중해서 붉은 광장을 볼 수 있었다.

　그 유명한 레닌묘 앞에 섰다. 1924년 사망한 러시아혁명의 영웅인 레닌의 시신은 박제되어 저 묘 안에 있다. 1993년 1월 레닌묘에서 박제된 그를 보았다. 당시 붉은 광장에 갔는데, 사람들이 레닌묘 앞에서 긴 줄을 서고 있었다. 그 줄의 의미에 대해 알고 나도 줄을 섰다. 그는 조용히 누워있었고 침묵하고 있었다. 작년이 사망 100주년이었다. 2025년 올해는 101년이 되는 기간이다. 레닌묘는 최근 개방을 잘 하지 않는다. 나는 단 한번 레닌묘에 들어갔다. 그때 이후로 들어가 본 적이 없다.

　1월 첫날 아침, 붉은 광장이 아름다운 위용을 자랑하고 있었다. 이곳은 바실리 성당을 제외하고 가장 유명한 장소일 것이다. 박제된 사람이 여전히 있다는 사실이 특이하다. 이미 죽어버린 사람이다. 러시아인은 여전히 그를 신화적 존재로 모시고 싶어 하는 것 같다. 러시아혁명의 영웅이고 소련 건국자인 그를 한동안 신적 존재로 부각시켰다. 그러나 1991년 소련 해체 이후 그의 존재는 점점 잊혀져 가는 것도 사실이다.

레닌은 역사의 인물이다. 도처에 아직도 레닌의 기념비, 즉 동상이 많이 남아있다. 소련 해체와 더불어 그의 동상이 해체되고 흉물스럽게 제거되어 땅바닥에 내동댕이쳐진 일들이 많았다. 레닌의 역사적, 정치적 신화도 많이 사라지고 있다. 혁명 지도자의 위대함도 시간이 지나가면서 점차로 희미해져간다.

붉은광장에서 가장 아름다운 바실리성당이다. 16세기에 지어졌다. 놀랍도록 아름다운 구도로 만들어진 이 성당은 고귀함, 거룩함을 부여하고 있다. 이반뇌제(이반대제; 재위 1547-1584) 시기 이 성당이 지어졌다. 전설에 의하면 군주는 성당을 지은 두 명의 장인의 눈을 빼 버렸다. 다시는 더 아름다운 건축물을 짓지 말라는 이유에서다. 슬픈 이야기의 아름다운 성당이다.

바실리성당 근처의 이 동상은 '쿠민과 포자르스키'이다. 17세기 초, 폴란드가 모스크바를 함락시켰을 때 폴란드 군을 물리친 애국자들이다. 이 시기는 러시아사의 '동란의 시대'라고 한다. 1598-1613년 기간이었다. 폴란드군이 모스크바에 입성, 잠시 러시아를 통치했다. 이 애국자들이 국민에게 호소하여 폴란드군을 물리쳤다.

소련을 상징하는 붉은 별이다.

 어느 위치에서나 바실리 성당의 구도가 완벽하고 아름답다. 아침의 바실리 성당은 눈부시다. 어떤 감정에 푹 젖었다. 필자가 무척이나 알고 싶던 아름다움을 이 건축물에서 생각할 수 있을까? 미학(美學)의 소리침이다. 누구든지 아름다운 세상을 만들고 싶은 꿈이 존재할 것이다. 아름다운 시절을 꿈꾼다. "미(美)가 세상을 구원하리라." 러시아의 대문호 도스토예프스키가 했던 말이다. 자주 인용하고 싶은 문장이다.
 이 거룩한 성당 앞에서 무엇인가 생각하기 위해 애썼지만, 아무런 생각을 할 수 없었다. 그 대신 삶의 숙연함을 가졌다. 좀 더 좋은 인간이 되어야겠다는 정서적 외침이다. 실제로 그러한 사람이 될 수 있을까? 가족이 인정하는 그런 좋은 사람이 될 수 있을는지. 이 미적 건축물 앞에서, 그 어떤 영감보다도 더 삶의 진지함을 묵상해본다. 형언할 수 없는 인간에 대한 예의를 가지고 매너와 예의가 있는 실천적 삶을

살고 싶다. 부족했지만, 그래도 추구하고 싶었던 따뜻함, 다정다감함을 이 바실리성당 앞에서 체득할 수만 있다면 2025년 1월 1일이 값진 날이 될 터인데. 다른 이를 배려하는 성숙한 마음을, 원숙한 삶의 지혜를 갖추면서 그 삶의 경로를 따라갈 수 있을지 자문해보았다.

이곳은 처형대이다. 역사 속에서 농민반란의 주역들이 이 장소에서 처형을 당했다. 군주에 반항해 죽음을 당한 사람들이 있다. 매우 유명한 이들이 이곳에서 먼 귀양을 떠난 경우도 있었다.

러시아 크리스마스는 1월 7일이다. 크리스마스와 신년을 기념하는 아름다운 상징물이 붉은 광장 인근에 있었다. 이번 방문 때에 그런 상징물이 많이 보였다. 전쟁 도중이지만, 크리스마스와 신년은 축하하고 싶은가보다. 러시아 크리스마스가 우리와 날짜가 다른 이유는 러시아 달력 전통이 구력에 속하기 때문이다. 절기와 명절에 관련해서 과거의 전통적 달력 날짜를 사용하고 있다.

붉은광장 근처의 굼 백화점이다. 내부에 가면 매우 화려하다. 신년 첫날 백화점을 오픈하지 않는다. 내부의 사진을 찍지 못해 유감이다. 화려한 브랜드 상품들이 많이 있다.

굼 백화점 바로 옆에 카잔성당이 있다. 카잔은 원래 지역 명칭이다. 러시아 남부 지역 카잔공화국의 수도가 카잔이다. 카잔에도 붉은 광장이 있다. 제정러시아는 몽골의 후계 국가인 카잔 칸국을 점령했다. 이를 기념해 카잔에 붉은 광장을 만들었다. 러시아는 카잔 칸국을 점령하면서 최초로 이슬람권으로 진출했다. 제정러시아가 무슬림 민족을 지배하기 시작한 것이 그때부터이다. 몽골이 1240-1480년까지 러시아를 지배했다. 러시아 남부의 '사라이'시에 킵차크 칸국을 세워 러시아를 간접 통치했다. 이 칸국이 1500년경에 멸망했다. 이후 몽골의 후계 칸국인 '카잔 칸국', '아스트라한 칸국'이 이곳에 세워졌다. 러시아가 1552년 카잔 칸국을, 1556년에 아스트라한 칸국을 점령했다.

내부에 들어갔다. 아주 작은 성당이라 사람들이 별로 없다. 매우 이른 아침이다. 사제가 예배를 인도하고 있었다. 오래간만에 성당에서 울려 나오는 노래를 들었다. 찬양을 부르는 목소리가 매우 청아했다. 2-3명의 여성 성도가 노래를 부르고 있는데, 목소리가 특별한 것 같다. 매우 맑다. 예배를 드릴 때에는 늘 성가를 부른다. 고대슬라브어로 찬양을 부르는지 가사의 뜻을 정확히 듣기가 굉장히 어렵다. 마치 무슨 랩을 부르듯이 하는 느낌이 든다. 정교회 예배는 청아하고 맑은 목소리를 가진 분들이 찬양을 부른다. 러시아정교회의 전체 예배 순서가 어떻게 되는지 잘 알지 못하지만, 어떤 격식과 방법은 있을 것이다.

카잔성당을 나왔다. 붉은 광장을 다시 응시했다. 러시아역사를 전공했지만, 러시아를 이해한다는 것은 여전히 어렵다. 러시아는 머리로 이해해서 안 된다는 말이 있다. 러시아는 가슴, 마음으로 이해해야 한다. 19세기 러시아 시인인 '추체프(Цуев)'의 말이다. 말 그대로 러시아는 지성, 이성으로도 이해할 수 없는 민족, 국가인 것 같다. 추체프가 조국을 제대로 이해하고 있다. 상대방의 심정을 잘 알지 못할 때에 가끔 그렇게 부른다. "저 사람, 꼭 크렘린 같아." 크렘린은 붉은 광장을 의미한다. 러시아인의 성격은 종잡을 수 없다는 의미도 된다.

붉은 광장의 상징과도 같은 건물양식이다. 아침 9시 10분이 지나가고 있었다. 8시에 왔으니 이제 1시간이 지났다. 붉은 별을 바라보았다. 혁명의 국가, 러시아를 공부하고 가르치면서 직업을 가졌다. 러시아 때문에 밥을 먹고 살았다. 운명이었는지 확신할 수 없지만, 학교 때 러시아어를 공부하였고, 직장을 다니면서도 러시아를 공부해야한다는 생각을 떨쳐버리지 않았다. 결국 신문사 기자 직업을 던지고 학업을 시작했다. 박사학위까지 받고 대학교에서 강의를 하였고 논문을 쓰고 연구하면서 대학 교수가 되었다. 러시아와 따로 떨어져 나의 인생을 설명하기 어렵다. 러시아와 더불어 살아왔고, 러시아는 나의 운명이었다. 러시아는 삶의 이정표였다.

시계탑의 빨간 별이 매우 독특하게 느껴진다. 러시아 역사와 지역학을 공부하고 이해한다는 것이 힘들었다. 그래도 감사하다. 지금까지 학계에서 살아남아 글을 쓰고 강의를 하고 있다.

Ⅲ. "내 인생은 아직 정오" : 해외 여행지 거리에서 둘레길 인문학을 말하다

    붉은 광장에 서니, 삶이 주마등처럼 스친다. 아, 이렇게 인생의 시간이 흘렀구나. 지금 2025년 1월 1일을 맞이했구나. 삶은 왔고, 지나갈 것이다. 아름다운 광장에 서있으니, 행복을 갈구하는 마음이 간절했다. 왜 그런지 이방의 땅에 오면, 외로움에 자주 젖어든다. 이 외로움의 기원, 근원이 어디일까? 조국이 일순간 그립기도 하다. 한국에 있으면 잘 느끼지 못하는 감정이다. 모스크바는 어떤 때는 이방의 도시처럼 느껴진다. 이 낯설다는 것은 어디에서 유래되는 걸까? 모스크바, 러시아에 친밀하게 동화되지 못하고 있는 건가.

이제 붉은 광장에서 내려왔다. 광장 초엽에 무명용사의 상징적 비석이 있다. 무명용사의 불은 영원히 꺼지지 않는다. 영원히 타오른다. 입구는 봉쇄되어 있었다. 들어갈 수가 없다. 전쟁 때문에 그러는 것일까? 이곳이 봉쇄되는 적은 거의 없다. 왜 이럴까. 전쟁은 모든 풍경을 바꾸어 놓았다. 소위 '전쟁의 풍경'이다. 전쟁의 느낌이 없는 이곳이 통제되는 방식이 낯설다. 이 무명용사의 비는 2차 세계대전을 기리며 만들어졌다. 소련은 히틀러와의 힘겨운 전쟁에서 승리했다. 고통의 전쟁이었다. 소련에서 전쟁으로 사망한 이는 2,000만 명이라는 기록이 있다. 또한 2,700만 명이 사망했다고도 한다. 2,000만 명 이상이 사망한 것은 확실한 사실이다. 너무나 많은 사람들이 지중해에서, 스탈린그라드에서, 상트페테르부르크에서 죽어갔다.

　붉은 광장에서 밖으로 나왔다. 모스크바 중앙전신전화국이다. 잘은 모르지만, 복원 사업을 하고 있는 것 같다. 재건축일 수 있다. 과거 사진이 많이 걸려있었다. 1993년 한국경제신문사 기자 시절, 러시아에 연수를 왔을 때, 이곳에서 전화를 이용한 적이 있었다. 핸드폰이 없던 시절이고 한국으로 연락이 원활하지 않았던 시대였다. 소위 '삐삐'도 아직 없었던 시기였던 것 같다. 한국으로 전화를 신청하고 기다리고 있다가 전화가 연결되었을 때 무척 반갑게 부스에 가서 전화를 하던 모습이 기억난다.

붉은 광장에서 나오니 화장실에 가고 싶었다. 그런데 신년에 카페가 전혀 문을 열고 있지 않아서, 난감해하다가 '메리어트호텔'로 갔다. 지하철을 타고 가야했다. 거리에 가끔 있는 이동식 화장실은 러시아 카드로만 결제가 되기 때문에 사용할 수가 없다. 나에게 러시아카드가 없기 때문이다.

메리어트 호텔은 친절하다. 내부에 가면 화장실 가는 표시도 되어 있다. 어떤 고급호텔은 이러한 표시가 되어 있지 않다. 화장실이 없는 경우도 있다. 필자는 원래 2025년 1월 6일에 모스크바로 가는 계획이 있었다. 급한 일로 일정을 변경, 2024년 12월 30일 출국했다. 원래 이 호텔에 예약했지만 날짜 변경으로 호텔 예약은 취소되고 제자가 잠간 한국에 입국한 관계로 아파트가 비워있어 제자 아파트에 숙소를 정했다. 메리어트 호텔은 한국의 메리어트호텔 급만큼 아니지만, 5성급호텔이다. 1인이 혼자 방을 사용하는 경우, 한국 돈으로 11-12만원이면, 33제곱평방미터의 넓은 방에 숙박할 수 있다. 아침식사도 제공된다.

2024년 12월 31일

말르이 극장

2025년 1월 1일이 아니라 2024년 12월 31일로 하루를 뒤로 하자. 이 에세이에서 붉은 광장이 중요한 내용인 것 같아 1월 1일에 있던 일을 먼저 서술했다. 필자는 2024년 12월 31일 아침 10시 경을 지나 볼쇼이 극장 근처의 '말르이'(малый:작은) 극장에 도착했다. 이 극장에서는 새해 늘 푸시킨의 원작을 공연하는데, 오늘은 '술탄 황제 이야기(сказка цари султана)'였다. 공연 표를 구입했다. 연말연시에 러시아인은 아이들과 같이 발레, 오페라, 연극을 보러온다. 그 유명한 '호두까기 인형'은 이맘때에 매우 인기 있는 공연이다. 내가 가고 싶던 '스타니슬라브스키-단첸코' 극장의 공연료는 너무 비싸 갈 수가 없다. 2만-2만5천 루블인데, 거의 40만원이다. 이 가격에 볼 수가 없다. 이미 티켓 조차 없다.

　모스크바에는 매우 많은 극장이 있다. 거의 매일 발레, 오페라, 연극 공연이 있다. 박사학위 공부를 하느라 극장에 자주 가지 못했다. 아주 예전에 어떤 글을 읽은 적이 있는데, 프랑스에서 공부하던 어떤 분은 장기간 파리에서 거주했는데, 공부를 열심히 하느라 한번도 극장 공연을 보지 못했다는 것이다. 그 생각이 갑자기 났다. 그런데 필자는 가끔 '백조의 호수'처럼 고전 발레 공연이 있을 때 꼭 공연을 보러 갔다. 워낙 그 공연을 좋아하기도 했다.

극장 내부에는 과거 공연 역사에 관한 사진들이 많이 걸려있다. 대부분의 극장에서는 이런 사진들로 가득차다. 러시아 극장의 전통이다. 연극, 발레, 오페라를 사랑하는 민족이다. 러시아에 처음 왔던 1993년 1월 겨울, 극장에 자주 갔다. 러시아의 이런 문화를 '고급문화'라고 부른다. 이와 반대되는 개념은 '대중문화'이다. 문화 자체의 수준이 매우 높다. 경외심을 가지고 러시아 문화에 대한 애정을 가졌다.

뜨베르 거리

필자가 모스크바에 오면 가장 먼저 가는 곳이 뜨베르 거리의 시작점에서 첫 번째 안쪽 골목으로 들어가면 만나는 거리이다. 매우 많은 레스토랑과 카페가 있다. 붉은 광장에 가지 않는다고 하더라도 이곳에는 꼭 들른다. 이 거리를 걷는 것이 좋다. 출장 와서 시간이 될 때마다 시간을 보내곤 한다. 특히 이곳의 스타벅스에 와서 커피 마시는 것을 좋아했다. 그런데 스타벅스가 없어졌다. 그 자리에 러시아의 꽤 유명한 카페가 들어서 있었다. 전쟁으로 대부분의 해외 기업이 철수하였다. 매우 아쉬웠다. 자주 커피를 마셨는데, 이번에는 그러지 못했다. 전쟁이 많은 풍경을 바꾸어 놓았다.

작은 추억이 있다. 어느 후배 박사와 겨울에 출장 왔을 때에 커피를 마시며 담소를 나누고 있었다. 필자가 어떻게 국비유학으로 러시아에 공부하러 왔는지를 후배가 물어보아서 이런 저런 이야기를 했다. 그러다가 갑자기 많은 눈물을 흘렸다. 후배가 놀랄 정도로. 유학을 준비하면서 시험 과목인 한국사를 노량진의 행정고시학원에서 공부하고 있었는데, 어떤 지인이 공부하면서 맛있는 것 드시면서 건강에도 유의하라고 수십만 원의 금액을 지원했다. 갑자기 그 분이 기억났다. 그래서 울컥하였나보다. 스타벅스 안에서 중년의 남자가 한참을 울었다. 너무 고마운 마음이 들었기 때문이다. 누군가의 도움으로 실력도 없고 능력이 부족한 필자가 교수가 되어서 사회 활동을 하고 있다.

 러시아 음악가인 프로코피예프의 입상 동상이 이 거리에 있다. 몇 년 전에 세워졌는데, 정확한 연도가 기억이 나지 않는다. 어느 여름 이 거리를 지나가다가 그의 동상을 처음 보았다. 그 근처에 그의 박물관이 세워졌다. 그가 모스크바에서 살던 장소를 박물관으로 만들었다. 러시아는 기념비를 세우는 것을 좋아한다. 소련 해체 이후 '러시아연방'은 민족 정체성, 국가 정체성의 일환으로 기념비 건축 작업을 했고 모스크바를 부각시켰다. 모스크바는 러시아의 '아버지' 도시이고, 상트 페테르부르크는 '어머니' 도시의 이미지이다. 프로코피예프는 저명한 망명 작곡가였다. 그는 다시 모스크바로 돌아와 활동했다. 조국을 잊지 못해 소련으로 돌아왔던 망명가였다.

이 거리에는 그 저명한 '안톤 체호프 모스크바 예술극장'이 있다. 필자가 매우 좋아하는 극장이다. 극장의 맨 위에 자세히 보면 '갈매기' 상징이 있다. 갈매기는 러시아어로 '차이카(чайка)'라고 부른다. 1904년 체호프가 사망한 그 해, 이 극장에서 '바냐 아저씨(Дядя Ваня)' 첫 공연이 있었다. 관객들로부터 열광적인 환호를 받았다. 그는 열광하는 관객 앞에서 인사를 했다. 그것이 그의 마지막 모습이었다. 그는 결핵으로 그해 사망했다. 체호프의 희곡이 '갈매기'이다. 필자가 이 극장에서 '갈매기' 공연을 본 것은 아니다. 모스크바의 다른 극장에서 갈매기 공연을 본 적이 있다. 주인공이 권총 자살하는 마지막 장면이 인상적이다. 총소리가 울릴 때 주위에 있었던 배우들이 매우 놀라는 모습이 아직도 눈에 선하다.

필자는 1988년 대학 4학년 때 갈매기 공연을 최초로 관람했다. 동국대에서 연극영화과 학생들의 졸업 공연으로 '갈매기'를 올린 것 같다. 동국대에서 그 공연을 보았다. 기억에 매우 남는다. 잘 생긴 남녀 주인공이 열연했다.

마치 'Hi 서울'처럼, '모스크바의 겨울(зима в Москве)' 이라는 뜻의 상징 구호이다. 도처에 저 글자가 광고로 떠있었다. 한국식 발음으로 "지마 브 마스끄베"이다. 모스크바 겨울은 러시아 문학에서 빈번히 사용되던 모티프이다. 러시아 소설에는 계절상으로 겨울이 자주 등장한다. 모스크바와 상트페테르부르크의 겨울 풍경이 그려진다. 가을도 자주 등장한다. 러시아의 가을은 매우 아름다워 소설 속에 가을이 자주 나올 수밖에 없다고 생각했다.

'모스크바의 겨울' 단어 속에는 마음을 저미는 러시아적 분위기가 있다. 소설 속에서 겨울 무도회에 참석한 주인공은 무도회 행사를 치르다가 갑자기 어디론가 모스크바를 떠나는 장면이 나온다. 주인공은 외친다. "다 스비다냐 마스끄바(До свидания, Москва)", 즉 "모스크바여 안녕"이라고 소리치며 떠난다. 어쩌면, 그 주인공은 무도회에 질려서 모스크바를 떠나거나, 혹은 모스크바를 떠나 방황의 길을 걸어가거나, 아니면 올바른 미래를 꿈꾸며 나아가기 위해 어디론가 떠나는 삶을 갈구하였는지도 모른다.

러시아는 정교 국가이다. 동방정교회이다. 트베르 거리를 걷다가 예쁜 정교회를 보았다. 눈이 쌓여있는 이 교회가 아름답게 느껴진다. 정교회의 눈이 묘하게 쌓여있는 모습을 보면서 겨울 순백의 아름다움을 느꼈다. 반대쪽에서 이 교회를 보았다. 잠간 내부에 들러볼까 하다가 계속 길을 걸어갔다. 이 교회는 뜨베르 거리에 속한다. 뜨베르 거리는 큰 도로 상에서 꽤 길게 이어진다. 모스크바에서도 긴 거리에 속할 것이다. 정교회에 눈이 쌓여있다. 경건한 마음을 가지고자 했다. 거칠

어져있는 마음의 벽들이 교회의 종소리를 듣고 순화가 되기를 스스로 빌어보았다.

　12월 31일 오후 4시 30분에 아르바트 거리에 갔다. 벌써 어둠이 짙게 깔려있었다. 해가 졌는지 세상은 어두워지기 시작한다. 페테르부르크 백야는 밤새도록 밝은 데 말이다.

아르바트거리

초입에 들어서면 그 유명한 약국이 있다. 그런데 약국 이름이 36 ♡6이다. 아마 열을 36.6도로 유지하라는 당부로 들렸다. 한국의 정상 온도는 36.5도인데, 러시아는 36.6도인 것 같다. 이것이 일종의 문화 차이가 아닌가싶다.

빅토르 초이 추모벽화

한국계인 빅토르 초이의 추모 벽화이다. 보통 표기를 '빅토르 최'라고도 하는데, 필자는 그의 러시아식 발음대로 '초이'라고 부르고자 한다. 그는 1980년대 초반부터 활동했다. 1985년 고르바초프가 소련 서기장이 되고 '페레스트로이카(개혁)'를 강조하던 시절, 매우 유명한

록 가수였다. 어쩌면 소련 해체는 이러한 혁명적인 노래 가수나 예술가들에 의해 이루어졌는지도 모른다. 서구의 급격한 문화가 러시아로 몰려들었다. 필자는 빅토르 초이가 록 문화, 즉 서방 문화를 적극적으로 수용하고 표현했던 활동으로 소련 사회에 엄청난 변화를 일으켰다고 생각한다. 젊은이들이 그의 음악에 열광하였다. 소련 해체는 이러한 영향을 일견 받았다.

그는 불행하게도 소련 해체 이전인 1990년 8월 15일, 발틱해의 라트비아 공화국의 고속도로에서 교통사고로 사망했다. 그의 나이 28세이다. 그런데 이 죽음에 대해 음모론이 있다. 소련 당국이 계획적으로 사망에 개입했다는 것이다. 그렇지만 이는 밝혀지기가 매우 어려운 사건이다. 필자는 2002년 6월 아내의 비자를 발급받기 위해 라트비아의 러시아 대사관에 들른 적이 있다. 한참 한일 월드컵이 진행되던 시점이었다. 숙소에서 하루를 머물고 그 다음날 스웨덴으로 갔다. 그때 숙소가 그 고속도로에서 멀지 않은 곳이었다.

러시아의 많은 청년들이 아직도 아르바트 거리에서 그를 애도하고 있다. 필자가 처음 모스크바에 갔던 1993년 겨울에도 많은 이들이 그를 추모하던 장면이 떠오른다. 그때에 비해 지금은 열광이 많이 사라졌다. 그래도 특별히 여름에는 많은 이들이 이곳을 찾고 있다. 겨울, 이 저녁의 시간에 몇 몇의 사람만이 보였다. 사망 이후 많은 시간이 지났지만, 그를 기억하는 사람이 정말로 많다.

　거리에는 1920-1930년대 러시아 '금시대(золотой век)'의 위대한 시인이던 '레르몬토프'의 전시 사진이 많이 걸려있었다. 길거리 전시의 특집은 레르몬토프이다. 제목은 '레르몬토프의 모스크바' 타이틀 이었다. 나는 이 시인을 정말로 좋아하기 때문에 대부분의 전시 사진을 핸드폰에 넣었다. 언젠가 가능하다면 '모스크바'라는 제목으로 책을 쓰고 싶다.

2024년에 한국연구재단의 출판저술지원사업에 "쉽게 읽는 러시아, 러시아인 이야기: 인물, 사건, 공간의 17개 핵심키워드를 중심으로"라는 과제 제목으로 선정되었다. 2년 뒤 출간을 목표로 열심히 이 책을 쓰고 있다. 그 이후에 '모스크바' 제목으로 저서를 집필하면 좋겠다는 생각이다. 1993-1994년에도 신문사에서 연수로 갔고, 그 후 2000년대에도 모스크바에서 박사학위를 받았기 때문인지 이 도시에 애정이 많다. 이 도시를 제대로 소개하고 싶은 마음이 강하다.

이 건물은 '배우의 집'으로 불린다. 아르바트 35번지이다. 회색 빛 고딕양식과 아르누보 양식을 접목한 형태의 건물인데, 매우 독특하고 걸작이다.

그 맞은편 26번 건물은 연극이 공연되는 극장이다. 이 동상은 '바흐탄코프'인데, 연극 연출가이다. 그는 1883-1922년까지 짧은 기간 살았지만, 러시아 연극을 발전시켰다. 그를 기리고 있는 대규모 극장이다. 당연히 연극이 공연된다.

아르바트의 저녁이 조금씩 저물고 있었다. 아르바트는 젊음의 거리이다. 여름에 이곳은 정말 화려하다. 모스크바는 여름에 여행을 와야 적격이다. 겨울은 너무 추워서 여행 기분이 잘 나지 않는다. 여름의 만족도가 100이라면, 겨울은 50으로 떨어지는 것 같다. 물론 필자의 생각이다. 모스크바의 겨울을 너무나 사랑하는 사람도 있을 것이다. 아름다운 아르바트의 겨울 거리를 걷자니, 모스크바에 왔다는 마음이 실감 있게 느껴졌다.

겨울에는 모스크바에 오래간만에 왔다. 낯설은 기분도 들었다. 12월 31일 저녁6시가 되었다. 한국에서는 2025년 1월 1일 0시이다. 2025년이 열렸다. 2025년의 신년은 모스크바에서 보냈다. 2025년이 기념비적인 시간이 되기를 기원하는 마음으로 숙소로 돌아갔다.

바흐탄코프 동상

2025년 1월 2일

모스크바 뮤지컬 극장

1월 2일 저녁 뮤지컬을 보러 모스크바 뮤지컬극장에 왔다. 푸시킨 동상 바로 옆에 있다. 모스크바에 뮤지컬 극장은 몇 개가 있다. 그 중의 하나이다. 오늘 공연은 '서커스의 여왕'(принцеса цирка)이다. 매우 재미있었다. 뮤지컬을 서커스처럼 만들었다. 러시아는 발레, 오페라로 유명한 국가이지만 뮤지컬도 매우 인기 있는 장르이다.

러시아는 막의 중간에 많은 사람들이 간단한 음식을 먹고, 담소하는 시간을 가진다. 그리고 이를 매우 즐긴다. 러시아의 전통이다.

에필로그

　머물고 있는 숙소에 와이파이 설치가 안 되어 있어 근처의 카페에 와서 글을 쓰고 있다. 2024년 12월 30일에 모스크바에 도착했다. 12월 31일 아침 숙소에서 나오니 눈이 내리고 있었다. 아, 나는 모스크바에 왔구나하는 생각이 들었다. 우크라이나 전쟁으로 전선에서는 많은 사람이 죽어간다. 러시아연방의 쿠르스크에 파병된 북한군도 그러하다. 그런데 모스크바는 아주 평온하다. 일상의 삶이 지속되고 있다. 이 국가가 전쟁을 치루고 있는지도 의심스러울 정도이다.

외국인이 예전처럼 많이 눈에 띄지 않고 있다. 겨울이어서 그런 건지 이는 상당한 변화이다. 현재 전쟁은 종전, 혹은 휴전 분위기가 감지되고 있다. 언제 실현될지 모른다. 일정이 갑자기 변경되어 연말연시에 출장을 와서 소기의 목적을 달성하기가 매우 어렵게 되었다. 여러 기관들이 이 기간에 문을 닫았다. 약속이 되어 있었던 연구소의 학자들과는 기관에서 만날 수 없었고 카페에서 주로 만났다. 여기저기를 다니면서 많은 것을 알기위해 애쓰고 있다.

김승옥은 '서울 1964년 겨울' 이라는 소설을 썼다. 매우 감성적인 소설이었다. 그런 감성이 풍부한 소설을 만나기가 어려울 것이다. 문득 모스크바에 와서 나는 '모스크바 2025년 겨울' 이라는 생각이 들었다. 2025년의 모스크바 겨울의 모습은 무엇일까? 아주 오래전 초창기 PC통신이던 하이텔에 '모스크바 1994년 겨울' 이라는 제목으로 필자가 소설을 실었다. 그 내용을 프린터로 복사해서 아직도 가지고 있다. 그때는 그런 열정이 있었나 보다.

러시아를 이해한다는 것은 거의 불가능한지도 모른다. 그래도 확실한 것은 내가 이 시간에 여기, 모스크바에 존재하고 있다는 사실이다. 갤럭시 9 기종으로는 사진이 잘 찍히지도 않았다. 이번 출장 기회에 과감히 갤럭시 23을 구입하고자 했지만, 구관이 명관이라고 핸폰을 바꾸지 않았다. 무엇이든지 새로운 교체를 잘 하지 못한다. 익숙한 것과의 이별을 잘 하지 못한다. 그래서 발전이 없는지도 모른다. 결국 나는 얼마 전에 최신 기종인 갤럭시 25 시리즈를 드디어 구입했다. 잘 하지 않은 행동을 했다.

 모스크바는 모스크바이다. 이 도시는 역사적 도시이다. 그리고 국제적 도시이다. 이 겨울, 한파가 물러나고 러시아, 유라시아 지역에 평화가 오기를 간절한 심정으로 기다리는 마음이다. 붉은 광장 입구에 서도 짐 검사를 하고 초소를 보고 있다. 감시하는 행동이 사라져야한다. 그런 꿈을 꾸어본다. 모스크바가 변화하기를 바라고, 세계 평화에 한 걸음을 떼어놓기를 기다리는 마음이다. 러시아도 국가 이익을 포기하기가 어려울 것이다. 그러나 이런 시기 러시아와 우크라이나를 비롯, 국제사회가 올바른 선택을 해주기를 바라는 입장이다.